いますぐ取り組む
学級の安全管理・危機管理

小川信夫・岩崎 明 編著

黎明書房

いま求められる学級担任の危機対応能力
◆学級の安全指導のために◆

1　子ども社会の危機

　過去の日本は，治安の良さは世界でも群を抜いていた。それがここ数十年の間にその治安が悪化の一途をたどっている。要因の主なものとしてまず挙げられるのは次の問題点である。

　① 　社会のバーチャル化

　急速に広がる各種情報の渦の中で，幼児期から絶え間なく脳に送り込まれる仮想世界の情報，特にこれらの情報が娯楽とワンセットになって消費文化に組み込まれ，子どもの脳を汚染している問題である。

　たとえば，テレビやゲームの中の破壊，殺人，過激な暴力，凌辱等，人間社会の負の部分が娯楽の最前線に躍り出て，絶え間なく洗脳している問題である。その結果，希薄になった現実の体験社会と非現実，つまりバーチャル世界の境目があいまいになり，ゲーム感覚で他人を阻害する。

　「あとで考えて，どうしてあんなことをしたのかわからない。」親に注意され両親を殺害した子，またおなじ理由で家に放火して親や妹を焼死させた犯人の中学生が，異口同音に洩らした言葉である。

　② 　モノ中心の価値観至上主義と心のひずみ

　科学技術と消費社会の中で，価値観がモノや拝金主義に陥り，このため手段を選ばず自己の欲望を充足させようと過激な行動に出る。

　③ 　外国人による犯罪の増加

　国際化の波の中で日本を訪れる外国人も増え，中でも労働力の確保として外国人の労働者が増えている。それとともに外国人による犯罪も増

加している。

2　最近の犯罪の特徴

①　子どもをねらう凶悪犯罪

　社会的に弱い者をねらう犯罪が増えている。中でも高齢者や子どもを対象にする犯罪の増加である。特に栃木県や神戸市で発生したような登下校時の児童をねらった誘拐殺人，その他不審者によるいたずら，誘拐，性的犯罪等の事件が多発している。

　また，大阪教育大学附属池田小学校のような，直接学校に侵入し理由もなく無差別殺傷に及ぶ犯罪者もいる。

②　子ども同士による阻害と犯罪

　ネット上の争いから友達を殺害した小学生，また陰湿ないじめによる犯罪行為等，子ども同士の争いや犯罪が目立ってきている。また，これらが引き金になって自殺や不登校に陥る子どもたちが出ている。

③　性的被害と犯罪

　性的情報が氾濫する中で，子どもを直接性的欲望の対象にする誘拐や暴行事件が増えている。また一方ではインターネットの普及などで，子どもが性の被害に遭う事件や，自分の性を金に代えようと安易に考え逸脱行為に走る中・高校生も出ている。

④　車による事故の被害

　車社会の拡大につれて，登下校時をはじめ学校行事等学習の中で直接痛ましい事故に遭遇する事件が増えている。交通安全指導の見直しや危機管理が早急に求められている。

⑤　子ども虐待の被害

　最近注目されているのが，幼児をはじめ児童・生徒に及ぶ虐待の事件である。その加害者が実の親や保護者であることに，この問題の深刻さがある。中にはこのために死に追いやられた悲劇も起きている。見えに

くい虐待の事実の早期発見のための，学校及び関係機関の連携が新たに求められている。

3 求められる学級の危機管理

従来から学級は子どもに対して，健康・安全を保障するために必要な習慣や，心身の調和的発達を図るための指導を学級経営の柱として，教科，特別活動等の機会を捉えながら行ってきている。

しかし，今日の子どもを取り巻く社会的環境は急変している。さきに述べてきているように，そのための安全管理や指導は多様化している。まさに危機的状態の中での対応が学級に求められているのである。池田小学校の事件をはじめ，凶悪な外部からの子どもに対する犯罪に対しては，迅速でかつ的確な人命救助にもとづく危機対応が求められている。そのためにはこれに対処する教職員一人一人の危機管理意識と学校を挙げての対応力，つまり組織力，情報収集力，行動力等，危機対応の実践即応力が学級担任一人一人に求められるのである。

その主な観点としては，
① 日頃より危機対応の準備と心構えを作り，学級の組織体制の充実を図っておく。

事故は思わぬ時に発生する。いざという時のためのシミュレーションを心がけ，そのための連携の手順を押さえておく。特に事故や事件に即応できる実効性のある「学校全体を視野にいれた学校の対応マニュアル」を作り，教職員をはじめ保護者との共通理解と認識を図る。
② 事故や事件が発生したら，すばやく対応する。

その場合はそこにいる子どもの人命を最優先に考え，対応や処置を迅速に行う。
③ 事故が発生したら仲間に知らせ，できるだけ一人では対応しない。

ふだんから緊急連絡のネットワークを学級内に作っておく。緊急の処置を要する場合をのぞき，できるだけ一人では対応しない。特に校長，教頭等への連絡は迅速にする。この場合はメモ等にそって正確に内容を伝え，場合によっては指示を仰ぐ。
④　校長等，管理責任者は事故が発生したら直ちに教育委員会等，関係機関に報告，または連絡する。
　　　ある学校でボヤをすぐ消火，しかし発生から数時間たって，関係機関に報告し問題になった。事故の大小に関わらず，事件や事故が発生したら，的確に判断し関係機関にすぐ一報を入れる。
⑤　事故後の処理，特に保護者や関係者への対応は丁寧にする。
　　　学校管理下での事故発生の場合，その事後処理をめぐってしばしばトラブルになるケースがある。この場合管理者として校長のリーダーシップのもと，保護者等には丁寧に，十分な時間をかけて担任は説明し，謝罪すべきは謙虚に謝罪する。なお事件が複雑な場合，法規等に照らして教育委員会やその他の専門機関等から情報を得るなり協力を仰いで対応する。
⑥　学校危機管理に関しての研修の強化を図る。
　　　事故や災害に対しての管理と指導は，学級担任の思い込みやそれによる対応は許されない。常に法規等の照合をもとに学級担任を単位に学校全体の研修を実施する。そのためにも，自校はもちろん，他の地区で起こった過去の事件や災害の教訓を生かし，問題点等を整理し，今後に的確に生かせるよう，対応の洗い出しが求められる。

4　学級，学校，地域のセーフティ・ネットワークの構築

　子どもの日常生活での安全管理の問題は，もはや学級だけの問題ではなくなったところに，事態の深刻さがある。
　学校全体としては従来から行ってきた安全管理と指導の見直しと，そ

の対応の徹底化を図るとともに，新たに地域と一丸となっての危機管理の具体化を図ることが緊急の課題になっている。

つまり実効性に富んだ具体的な学校と地域住民との「子どもを守り，安心して子どもが学校に通い心身ともに健全育成できる」その環境づくりが求められている。そのためのセーフティ・ネットワークの構築である。その場合の主な要点としては，

① 学級，保護者，学校，地域住民，関係団体及び関係機関との連携・協力を軸としての「推進連絡協議会」（仮称）を設置する。
② 通学路の点検をして，危険と思われる場所の洗い直しをする。
③ 公園等，放課後の子どもについて遊び場の点検をする。危険な遊具，また公衆トイレ等の点検。
④ 「子ども110番の家」等，危機に即して子どもの避難場所の設置と住民の協力体制づくり。
⑤ 地域パトロールの設置。参加の形態や運用について，特に高齢者の参加と協力をどのように促進するか検討する。
⑥ 児童虐待を含め，地域の情報ネットワークを関係機関との間に作り上げる。その場合個人のプライバシーとの関連を十分考える。

5　学校力と家庭力のアップ

今，学校に求められているのは，情報開示と保護者，地域住民の参加を軸としたコミュニティスクールとしての学校である。そして，そこで問われているのが21世紀型の学校の教育力である。その中で最近注目されているのが危機管理，及び危機対応能力である。従来から学校が教育内容として考えていた児童・生徒への安全指導の閾（いき）を大きく越えるこの危機管理指導を，時代の持つ教育の負の部分とだけ考えずに，むしろ新しい地域のネットワークづくりのチャンスとして捉えることで，近年弱体化した地域づくりのきっかけになれば，学校の力が新たなその地域づ

くりの核としての役割を担うことになる。

　そのためには，学級担任の確かな指導力，特に子どもを学級につなげ，共同意識を高める学級づくりが求められる。またそのための家庭の理解と，支援が必要になる。その役割を担う家庭の教育力を高める施策をこれからの学校経営に生かす工夫がぜひとも必要である。

　特に子どもの危機対応能力を個々に高めるためには，家庭の果たす役割は大きい。そのための観点としては，

① 　親子の対話の機会を常に家庭に作る。その大きな場として共食の機会をどう家庭に作るか，食と時間を工夫した食育のマネージメントが求められる。
② 　携帯，パソコンを含めネット犯罪に子どもが巻き込まれないため保護者による家庭での使用のためのルールづくりが必要になる。
③ 　帰宅時間や家を出る場合のマナーづくりを保護者と作る。
④ 　登下校時の安全確保のための集団づくりの力をつける。協力，共同の力を地域での遊びや，各種の交流関係で培う。
⑤ 　命の大切さ，尊さを家族のコミュニケーションを通じて幼児期から愛情とともに感じ取らせる。

　こうした子どもを健全にどう育てるかの親や保護者の家庭での教育力を支援するため，学校，特に学級担任がそのつど機会を捉え，的確な情報や，時にはワークショップなど学級に取り込んで行うことが効果的である。そうした学級の危機管理や対応の力が，そのまま家庭の危機管理や対応の家庭力につながっていくのである。

　本書が取り上げた「学級担任の安全管理，並びに安全指導」のねらいと趣旨も，学校力，家庭力，地域力のアップをどのように図れば，今日の子どもの危機管理能力や対応能力を高められるか，にある。

　一人でも多くの学級担任がこのハンドブックを座右の友とし，参考にして，具体的な安全管理，特に危機管理に立ち向かっていただきたい。本書がその一助になることを念じてやまない。

目　次

いま求められる学級担任の危機対応能力　*1*
　　―学級の安全指導のために―

- ① 子ども社会の危機　*1*
- ② 最近の犯罪の特徴　*2*
- ③ 求められる学級の危機管理　*3*
- ④ 学級，学校，地域のセーフティ・ネットワークの構築　*4*
- ⑤ 学校力と家庭力のアップ　*5*

I　学級担任のための安全・危機管理の基礎知識

1　校内安全管理のポイント ―――― *16*

- 1　学校安全管理体制の理解のポイント　*16*
  - (1) 「学校安全管理計画」はどのようにして作られているか　*16*
  - (2) 「学校安全管理計画」の持つ構造と役割　*17*
- 2　「学校安全管理計画」への取り組み　*23*
  - (1) 学校安全管理マニュアルの内容（例）　*23*
  - (2) 学校独自の条件の洗い出しと把握　*24*
  - (3) 「どんなとき，だれが，何をするか」の具体的指示の確認と把握　*25*
  - (4) 個人用緊急時対応マニュアルカードの作成と常備　*25*
  - (5) 個人用緊急時対応マニュアルカード作成のポイント　*28*

3　総合的な学校安全カレンダーへの取り組み　*29*
　　4　地域ぐるみの安全管理体制構築への認識と活動の実際　*30*
　　5　「学校安全」に関わる法律　*33*

2　学校施設の安全のチェックのポイント ——— *34*

　　1　学級担任が持つべき学校安全環境チェックへの基本姿勢　*34*
　　2　見落としがちな校舎内外の建造物の問題箇所点検のポイント　*35*
　　　(1)　転落死亡事故が多発する学校　*35*
　　　(2)　一級の危険地帯「廊下」　*36*
　　　(3)　大事故に連なるプールや屋外施設　*37*
　　　(4)　教具・遊具のチェックの点検と対応のポイント　*38*
　　　(5)　自然が巻き起こす思いがけない事故　*40*
　　　(6)　保管管理の不備が生み出す事故　*41*
　　　(7)　校内設備の落下事故に対する点検のポイント　*42*
　　3　日常学校生活の中での安全確保　*44*
　　　(1)　給食リフト事故　*44*
　　　(2)　学級内の安全環境整備　*46*
　　　(3)　校内の安全のための施設・設備の工夫　*50*

3　防犯のための安全チェックのポイント ——— *55*

　　1　学校の安全を守る共通認識と協力　*55*
　　2　学校で取り組むことのできる防犯対応策　*55*
　　　(1)　「長期的な取り組み」面での担任の役割　*56*
　　　(2)　「現場の対応」短期的取り組み　*60*
　　　(3)　緊急時の安全確保対策と担任の役割　*64*

4　不審者侵入への対応のポイント ——— *67*

　　1　安全対策指導に対するどのような通達が出ているか　*67*

2　不審者侵入防止への学校の態勢　*68*
　(1)　校舎内外の設備と対応　*68*
　(2)　来校者の対応　*70*
　(3)　校舎内外のパトロール隊の編成と運営　*71*
3　不審者侵入への危機管理　*72*
　(1)　不審者侵入時の指導のポイント　*73*
　(2)　緊急事件発生時の対応　*74*
4　地域との連携　*77*
　(1)　保護者や地域住民との連携　*77*
　(2)　警察や消防との連携　*78*
　(3)　医療機関との連携　*78*

Ⅱ　学習活動での安全指導

1　教科学習での指導 ―――― *82*

1　理科・生活科の学習時の安全指導と事故　*82*
　(1)　野外観察における事故防止と安全指導　*82*
　(2)　危険な動物や虫から身を守る　*83*
　(3)　野外観察時の服装　*87*

2　飼育中の感染や事故の防止　*87*
　(1)　主な飼育動物からの感染症　*87*
　(2)　感染の予防　*88*
　(3)　飼育のポイント　*88*

3　理科室の日常的な安全管理　*89*
　(1)　事故防止の基本　*89*
　(2)　薬品の取り扱い　*92*

4　体育学習の中での対策　*93*

(1)　事故防止の基本　*93*

　(2)　熱中症の予防　*94*

　(3)　水泳訓練中の事故対策と指導　*96*

5　図画工作学習の中での対策　*100*

　(1)　機械・工具類の管理　*100*

　(2)　道具・工具の安全指導　*101*

　(3)　刃物の管理　*102*

6　家庭科学習の中での対策　*102*

　(1)　家庭科としての安全指導をどのように考えるか　*103*

　(2)　実習室の管理　*103*

　(3)　用具の管理　*104*

　(4)　機械・器具の管理　*104*

　(5)　実習中での事故への対策と指導　*104*

2　学校行事での指導　——————————　*107*

1　遠足，野外教室等，集団活動時の安全指導　*107*

　(1)　校外学習事前指導のポイント　*107*

　(2)　当日の指導のポイントと押さえどころ　*109*

2　宿泊を伴う集団活動の安全指導　*111*

　(1)　計画段階での取り組みのポイント　*111*

　(2)　多様な自主的活動への安全対応のポイント　*113*

　(3)　万全な夜間の事故防止のための指導と対応策　*116*

3　体育的行事における安全確保のポイント　*118*

　(1)　困難な体育での安全確保　*118*

　(2)　"集団競技"の指導　*119*

4　ボランティア活動における安全指導　*121*

　　◇　落とし穴の多いボランティア活動　*121*

5　健康観察・健康診断等の結果に応じた安全指導　*124*

(1)　「健康連絡カード」と「個人別健康データ」の扱いと生かし方　*124*

　　(2)　健康安全指導のための全校的取り組み態勢の例　*128*

3　交通安全指導 ———————————————————— *130*

　1　道路，横断歩道，踏み切り等のマナーと訓練　*130*

　　(1)　児童・生徒の交通事故の特徴　*130*

　　(2)　交通事故防止の安全指導をどのようにするか　*130*

　　(3)　効果的な交通安全教育計画のポイント　*132*

　2　通学路の安全確保への取り組み　*133*

　　(1)　通学路の安全確保　*133*

　　(2)　「通学路安全マップ」作成方法　*134*

　3　自転車通学での安全確保　*135*

　　(1)　自転車利用者として心得ておかねばならないこと　*135*

　　(2)　自転車通学の安全確保　*138*

　4　交通事故が発生した時のその対応と処置　*139*

　　(1)　交通事故が発生した場合の対応と措置　*139*

　　(2)　交通事故対応マニュアルの作成　*140*

4　災害から身を守る指導 ———————————————— *142*

　1　地震災害から子どもの身を守る対応と指導　*142*

　　(1)　授業中に地震が発生した時の担任の対応のポイント　*142*

　　(2)　担任がそばにいない時の対応のポイント　*147*

　　(3)　第2次避難場所での担任の対応　*148*

　　(4)　事後対応のポイント　*150*

　2　津波・風水害から子どもたちの身を守る担任の対応と指導　*152*

　　(1)　事前の対応のポイント　*152*

　　(2)　災害に襲われた時の対応のポイント　*157*

3　災害から身を守る日常的な指導と準備　*161*

　　　(1)　定例防災避難訓練　*161*

　　　(2)　身を守る基礎的行動の日常的指導とそのコツ　*164*

5　犯罪から身を守るための指導 ──────────── *167*

　　1　誘惑・連れ去られへの対応と指導　*167*

　　　(1)　小学生をねらう魔の手口　*167*

　　　(2)　子どもを守る基本的な態勢　*167*

　　　(3)　誘拐予防のワークショップの実施　*168*

　　2　急増する子どもをねらう性犯罪　*171*

　　　(1)　「小児性愛」の被害　*171*

　　　(2)　被害に遭わないための対策　*171*

　　　(3)　年齢に応じた正しい性の指導をする　*172*

　　　(4)　性の被害に遭ったら　*173*

　　3　未成年におけるネット被害の増大　*174*

　　　(1)　主な被害の内容　*174*

　　　(2)　被害に遭わないための方策　*175*

　　　(3)　被害に遭わないためのソフトや機能　*176*

　　　(4)　被害に遭ったら　*176*

　　4　子ども虐待への対応と保護　*177*

　　　(1)　児童虐待の現実　*177*

　　　(2)　虐待の種別　*177*

　　　(3)　虐待の加害者　*178*

　　　(4)　児童・生徒虐待の早期発見と，その対応　*179*

6　学級での心のケア ──────────── *181*

　　1　事件・事故，災害時の心のケア　*181*

　　　(1)　事件・事故に遭った場合　*181*

⑵　具体的な対応　*181*

⑶　災害等に遭遇した子どもの心のケア　*183*

⑷　保護者や専門機関との連携をどうするか　*185*

⑸　スクールカウンセラーの役割と生かし方　*186*

2　いじめによる心のケアと対策　*187*

⑴　いじめが発生した時の対応　*187*

⑵　保護者への対応と連携　*189*

3　暴力事件と心のケア　*190*

⑴　暴力をふるう子どもの心理　*190*

⑵　関係する子どもへの対応　*191*

⑶　感情の興奮を抑えるコントロール（ワークショップ）　*193*

⑷　ソーシャルスキルの練習　*194*

あとがき　*197*

I 学級担任のための安全・危機管理の基礎知識

 校内安全管理の ポイント

1 学校安全管理体制の理解のポイント

○なぜ，全職員が全体計画を理解，把握しなければならないのか？

　各学校現場には「学校安全管理計画」が作られている。これは「安全安心の学校」を実現するための「戦略」であり，その戦略の中で職員，担当者がそれぞれの担当場面で「戦術」を行使する。全体の戦略が理解されていないままに，各人が思い思いに動いた結果が，全体を混乱に陥れ，被害を拡大した例は珍しくない。

　日常とは全く違う特別な条件が支配する「危機」では，予定通りには行かないことが多い。担任教師として与えられている役割を完遂できることは当然だが，自分の担当する場面・内容が，全体戦略の中で占める位置や意味を理解，把握しておかないと，適切な対応どころか，自己の役割も果たせない結果になる。「一学級の担任だから全体計画などは関係ない」では済まされない理由がここにある。学校安全に携わる者は，自分の学校の「学校安全管理計画」について，少なくとも次の点については具体的に理解し，把握しておく義務がある。

(1) 「学校安全管理計画」はどのようにして作られているか

　各教育委員会の指導の元に，各学校現場で作られるのが「学校安全管理計画」だが，それは次のようなことに配慮して作られている。

　　　　　各学校の「学校安全管理計画」の持つべき条件
①　「児童等の生命の安全第一」という目的に適合していること
　※飾り物ではなく，現実に機能を発揮できる安全計画。

② 現場の職員の安全管理意識に支えられていること
※現場の職員の安全管理意識とは大きくかけ離れたり，無関係なものになっていてはならない。
③ 自分の学校の実情にうまく適合している計画であること
※自分の学校の具体的な実情を踏まえた実行可能な計画。
④ 今現在，生きて働いている計画であること
※絵空事や建前でなく，全職員によって現実にこの計画に従って運営され，生きて機能しているもの。
⑤ 状況の変化とともに育っていく仕組みを持っていること
※固定化せず新状況に対応して刻々補正できる組織を持つこと。

(2) 「学校安全管理計画」の持つ構造と役割

① 「学校安全管理計画」の全体構造のモデル例

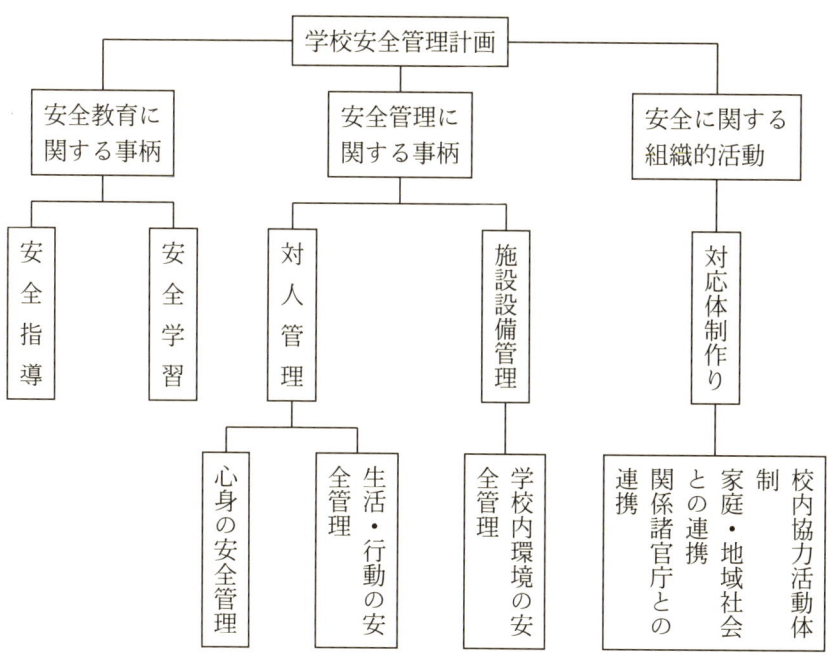

前図は基本的な「学校安全管理計画」の構造モデルで，各学校現場ではそれぞれの実情に合わせてアレンジされている。自分の学校では，どの部分がどう工夫され，アレンジされているか，それはなぜなのかという点について考えることは，全体計画を理解，把握する上で重要なポイントになる。

②　「学校安全管理計画」で学校が取り組む具体的内容例

　上のような基本的な構造の内容は，それぞれの学校現場の状況に合わせて次のように一つ一つ具体化されているわけである。

ａ．安全教育領域

安全学習	・応急手当のやり方・自分の体に対する認識（体育） ・命の大切さを学ぶ（道徳・総合） ・安全マップ作り・安全に対応できる知識，態度（総合）
安全指導	・防犯教室・交通安全教室等による技能習得 ・安全マップの使い方・通学路，校内の危険箇所確認 ・校内施設，遊具等の安全な使用法の体得・各種啓発活動

ｂ．安全管理領域

対人管理	・校内生活での安全に関するきまり，使用法の設定 ・来訪者に対するルール設定（訪問カード・記帳等） ・避難場所，待機場所の設定 ・緊急対応体制作り（危機管理マニュアル・緊急通報法） ・防犯訓練計画 ・救急救命法研修（職員向け） ・安全意識・事故発生実態調査

対物管理	・通学路の安全点検(安全マップ) ・校門，通用門等出入り口管理 ・校舎内外，施設設備の危険箇所改善，整備 ・緊急通報機器の整備，管理 ・不法侵入者対応機器，用具の整備，管理 ・地域内の危険箇所の把握と対応策策定 ・各種器具，薬品等の保管，管理

c．組織活動領域

組織活動	・学校安全推進協議会組織の設置(学校，PTA，警察，地域自治会，校医，防犯協会ほか) ・防犯パトロール計画と実施(各種団体との提携) ・緊急避難場所の設置(子ども110番の家など) ・防犯に関する啓蒙，啓発活動の展開(地域一般市民向け・保護者向けの講演会や市民運動など)

ポイント 危機管理の基本は，予防的措置とダメージコントロールの2点にある。住宅地，商業地，農村，観光地等，学校を取り巻く地域の環境によって，上記の活動の内容は大きく変わってくる。これらの点から実際に機能するマニュアルを作ることが求められるので，各学校では実情を調査，検討して整備していく。

③ 「学校安全管理マニュアル」作りの段取り例

その学校のマニュアルは，その学校の職員を中心に地域や関係団体の人たちの協力を求めながら作られる。この段階でも具体的に関わる場面は年齢や立場によって異なるが，マニュアル作りのステップ例(次頁図)を頭に入れておくことは，全体の中での自分の立場，分担内容の意味，

役割が鮮明になり、適切な協力や臨機応変の対応をとる手がかりとなるので重要である。

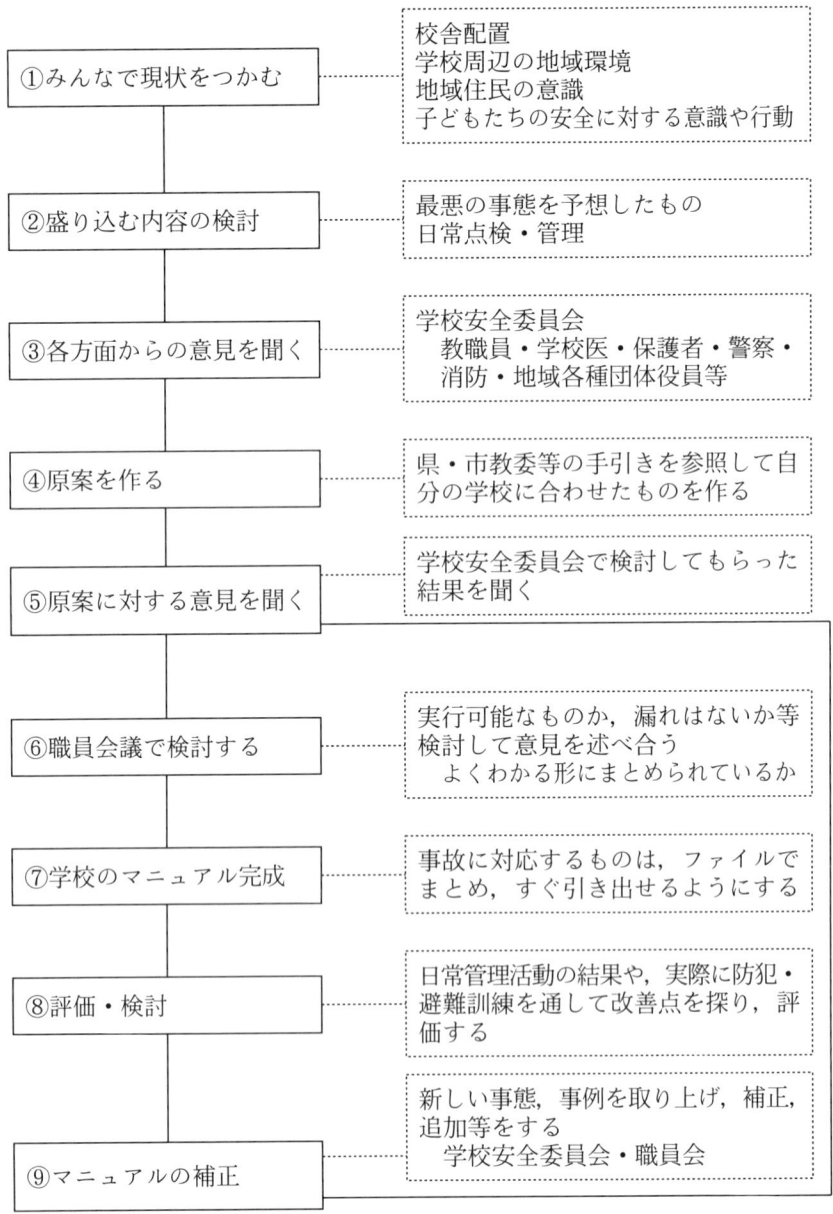

④ 「学校安全管理マニュアル」を定着させる工夫例

作られたマニュアルの定着，機能の発揮のために，各現場では様々な工夫や努力が重ねられる。現場を担う一員として，このための具体的で，有効な働きかけや協力のためにも，全体計画の各種活動の狙い，傾向や力点，アイディア等の概略を理解し把握しておく必要がある。

a．日常的研修会の積み重ねから

大がかりな研修会は，多忙な中では逆にそれが目的化したり，単なるイベントになりかねない。この落とし穴に陥らないための下のような「ミニ打ち合わせ」を設け，運営していくのも効果的である。

ⅰ．"ニュース記事"の活用

当番制で朝の打ち合わせや学年の打ち合わせの席上，新聞やテレビニュース，入手した「他の学校で発生した事故や問題」の情報をみんなで報告し合う。

※管理職としては，他校の事例は「いつか我が身」という認識を持ち，この種の情報には常に気を配り，可能な限りの情報集めをして提示したり，補足したりする。その姿勢が一般職員の意識向上に直接影響を与えることになる。

ⅱ．みんなで「私たちの学校ではどうなのか」という視点で考え合う

類似条件に置かれている問題の場合，学年担任や分掌主任等は，教室に行きがけに自分の学校の同じような条件を持つ現場に廻って点検，評価するなど，即刻対応する気風を職場に作る。

ⅲ．翌日点検結果を報告

翌日必ず前日点検した職員から点検結果を報告し，残されている問題点を提示する。

ⅳ．管理職は即刻対応

報告内容を現場に出向いて確認，評価し，設置者などに対応を要請する必要がある場合はすぐに関係者に連絡，対応する。

※学校現場では管理職員自身が点検し，一般職員は知らないままということが多い。中堅の職員などを活用したりして，できるだけ多くの職員が関わり，意識に上るようにすることが何よりの有効な対応策となる。

b．専門家を取り込んだ対策作り例

　教職員には児童・生徒の教育専門家としての技能は期待されても，不法侵入者等の対応には大きな期待は望めないことは，次々と発生する不幸な事例が証明している。現在各地で不審者対策は警察，防災は消防，医療は医師というように，学校での子どもや教師の安全を守るための計画は，実効性のある専門家の技能を組み込んだプランへという動きが出てきている。実効性の乏しい計画は結果的に学校不信を生む元となるので，全職員で地域の各専門家の機能を最大限に活かした，子どもたちの安全への実効的な対策となる計画への取り組みと工夫と努力が求められている。

子どもを守るための各地の工夫と努力

【その１】　埼玉県蕨市と戸田市の教育委員会と両市を管轄する蕨署は，警察署員が両市の全27市立小学校に立ち寄り校内巡回することを含む「児童・生徒等の安全対策に関する協定」を締結。戸田市では警備員等を各小中学校に配備済みだが，一層の安全を図るため蕨署から両市に提案された。協定では防犯用具「サスマタ」の使い方の指導や，地域安全ボランティアと連携，通学路の安全も確保する。なお，警察官は教室内には立ち入らない。

【その２】　東京都江東区も区立全幼稚園，小学校，中学校85園・校に警察官が定期的に立ち入り校内パトロールするよう，管轄の警察署に要望する意向を示している。

【その３】　東京都渋谷区は新年度予算に区立全小学校20校に民間警備員派遣。費用として6700万円を計上。校門の出入り口に8時から16時頃まで警備員1名を配置,駐在所のようなボックスも設置する。

児童への防犯ブザーの配布や教室と職員室，学校と警察を結ぶホットラインの開設。また，防犯用具「サスマタ」「盾」「防犯スプレー」を全校に設置。　　　　　　　　　　　（新聞記事より要約抜粋）

2　「学校安全管理計画」への取り組み

　各学校の安全管理計画作成には，何らかの形で全職員が関わる。子どもに直接接する担任としては次の点に着眼し，問題点を把握しておきたい。

(1)　学校安全管理マニュアルの内容（例）

――――――「学校安全管理マニュアル」の項目例――――――

1．基本方針……その学校の安全管理，安全確保についての基本姿勢や重点。
2．日常生活における児童・生徒の安全確保の対策
　・来校者への対応策　　・出入り口の管理　　・校内巡視体制
　・登下校時の安全確保対策　　・校外学習等での安全確保対策
　・学校開放時の安全確保対策
3．施設設備の安全点検と整備対策
　・校内外施設設備の安全点検計画と対策
　・施設設備定期点検リストと運営
　・門扉等の管理対策
　・安全確保のための機器の管理対策
4．地域住民等との協力連携体制作り
　・学校セーフティネット図
　・地域関係諸団体との具体的な連携方策
5．緊急時における安全管理対策
　・不審者侵入時の対応マニュアル図

- 事件，事故発生時の対応策とマニュアル図（内容別）
- 地震・風水害への対応策とマニュアル図
- 事後対応策マニュアル図（内容別）
6．残された問題点と対策

(2) 学校独自の条件の洗い出しと把握

　農村地帯，住宅地，盛り場など，学校のある場所の立地条件によって，同じ市内でも予測される事態の質，内容がまるで変わってくる。安全管理計画はそれらの条件を踏まえて作成される。担任としては児童，保護者を介して，その土地の古老などの話を聞いたり，地域住民にアンケートするなどして日常的に情報を収集し，特に次のような点については，正確な実態を具体的に，タイムリーに把握しておくことが求められる。

------ **学校の独自条件として配慮されている事柄** ------
- 校区内の河畔等で，かつて急な増水などで被害を受けたりしたような歴史を持っていないか。同じように突風や強風，豪雪等，自然条件で配慮を要する箇所はないか。
- 新開の住宅地や集合住宅など，近隣地区住民同士の交流や結びつきが薄いなど，地域の人間関係に特徴的な条件はないか。
- 町工場の中など，騒音，公害，危険がどこにでもあるような，地域生活環境に考慮すべき特徴的な条件はないか。
- 人気の少ない路地とか山道など，通学路に配慮を要する特徴的な条件はないか。
- 社宅や低所得者限定の公営住宅とか，高級住宅団地など，保護者，家族構成等に配慮を要する特徴的な条件はないか。
- 深夜まで営業が続けられる繁華街に隣接するとか，観光など季節によって町の雰囲気が変わるなど，安全管理に特に配慮を要する特徴的な条件はないか。

(3) 「どんなとき，だれが，何をするか」の具体的指示の確認と把握

　施設設備の安全点検などは，割と担当者がはっきりしているが，安全指導や安全に関する組織活動面で，「手の空いている者，○学年の担任が随時当たる」などというような取り決めは，何も決めてないのと同じ結果になりがちである。ふだんから役割分担は話し合って個人名をきちんと挙げ，出張や休みなどで欠ける場合は，学年の担任の代わりの者が明確に決まっていて，その役割が引き継がれるような態勢を作っておく。

　学校規模，職員数によって分担する役割は学校ごとに変わってくる。下の表は長崎県教育委員会の例（「学校における安全管理の手引」）だが，役割分担中の自分の位置，不明な点などの確認をしておく必要がある。

役割分担（例）

校(園)長，教頭，事務長，学部主事	陣頭指揮，警察・消防・報道機関等への対応，教育委員会への報告，被害児童等の家庭訪問
教務主任，地域担当教諭	保護者への連絡，ＰＴＡ等関係者への連絡等
学年主任，担任等	避難・誘導，安全確認，人員確認，保護者への引き渡し，被害児童等への家庭訪問等
生徒指導主事，生活指導主任	加害者への対応，避難・誘導等
養護教諭，保健主事	応急処置，救急車への同乗，医療機関との連絡・調整
事務職員等	電話対応，記録等

(4) 個人用緊急時対応マニュアルカードの作成と常備

　人間はすべてのケースの行動が記憶できるものではなく，特に慌てると頭が真っ白の状態になってしまう。災害心理学で言う「頭の働きは低

下してフール（愚者）状態」である。人間には未体験の出来事に突然に直面して起こるこの状態を，クリアするための各種の対応が予め準備されていなければ，どんな立派な事前計画も無意味となってしまう。

そんな状況の中から抜け出し，常態の自分を取り戻す自己防衛策として，有効な手がかりとなるものの一つに自作の，自己の役割を見やすい図で表現した「個人用緊急時対応マニュアルカード」を備えるという方法がある。

① 用意しておきたい場面の個人用緊急時対応マニュアルカードの種類（例）

この「対応マニュアルカード」は，いろいろな場面について一枚ずつ必要だが，用意する対応場面としては，次のようなものが整えられていれば，一般的に考えられる事件のほとんどをカバーできる。

- 刃物を持った侵入者が現れた場合
- 子どもが別の子どもを負傷させた場合
- 授業中に子どもが負傷した場合
- 子どもが遊具や校内施設でケガをした場合
- 通学中に誘拐事件が発生した場合
- 通学中に子どもが交通事故に遭った場合
- 校外で子どもが事故を起こし，学校に通報があった場合
- 子どもが校内で地震に遭遇した場合
- 子どもが校内で火災に遭遇した場合
- 子どもの中に給食にかかわる食中毒が発生した場合

② 自作の「個人用緊急時対応マニュアルカード」作成法

各学校の全体的な計画は，次図のようにインターネット等に既に公開されている各地の学校現場の，基本的な対応の流れや具体的な対応例を参考にし作られている。まずは各人が自分はその流れの中のどの部分を，どういう立場に立って，どう対応するのかを正確に理解することが前提。次に，自分が校内で分担している立場，状況を，正確に確認できるよう

に考えた,「我が校における私のマニュアルカード」を作成する。
- 保存しやすいように大判（Ａ４判かＢ４判以上）の厚手の紙を使用。
- 学校で作成されている全体の「対応マニュアル」を元にして，その中で自分が分担する部分の活動，行動の手順を抜き出す。
- 自分が見て一目でわかるように，自分に合った表現，表示を使った図にする。

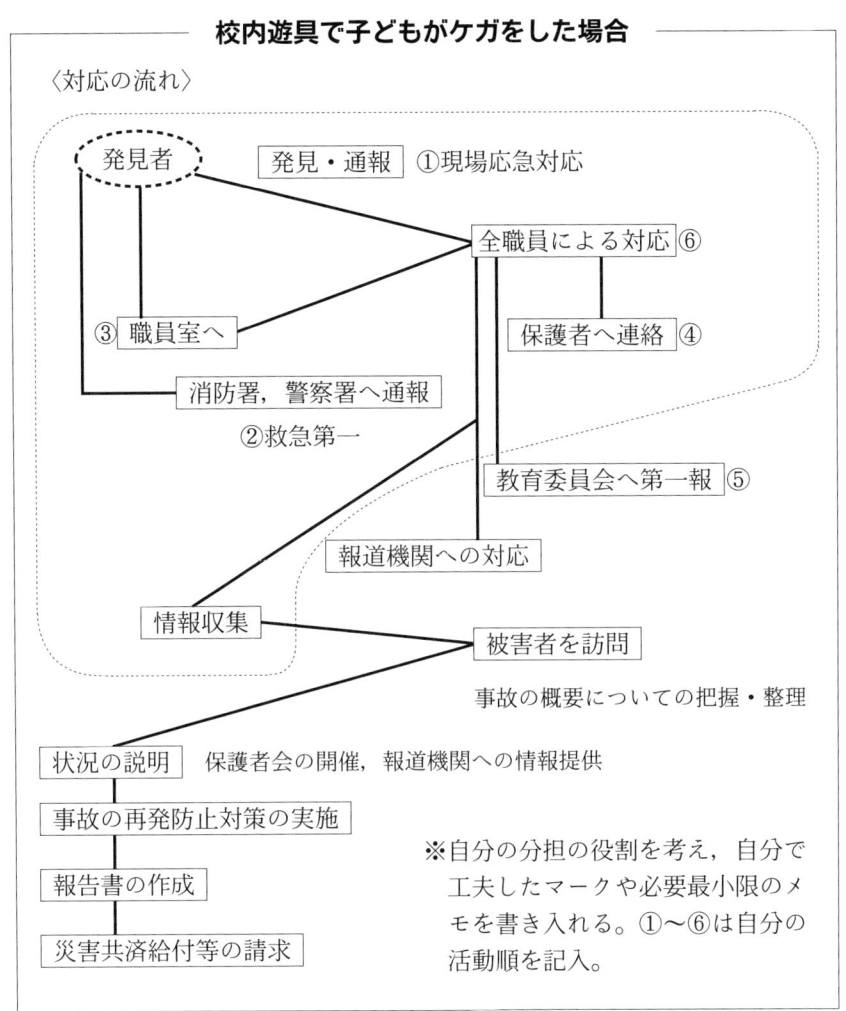

例 □ で囲まれた範囲に含まれる活動が，一般の学級担任の守備範囲と考えられるが，これを中心にしてまとめ，直接関係のない部分はカットして，できるだけ単純化した図にする。

※これは学校事情によって一概には言えないので，実際には自分の学校の状況に合わせて考え，作り上げるほかはない。

(5) 個人用緊急時対応マニュアルカード作成のポイント

「我が校における私のマニュアル」は，下のような全体の対応内容を頭に置いて，組織としての矛盾や混乱が発生しないように，他者との関係を考えつつ，各自で細心の注意を計りながら作られなければならない。

事故発生の場合の学校全体での対応の内容と流れ（例）

① 負傷の内容や周囲の状況等を把握し，被災した子どもの応急措置を行う。同時に近くにいる児童等へ連絡を頼んだり，他の教職員へ知らせて，応援を要請したりする。

※必要に応じて，警察等の現場検証に備えて，現場の保存を行う。

※この段階は時と場所を選ばず誰しも遭遇する可能性があるので，対応の注意事項などは心得ておく必要がある。

② 直ちに，消防署，警察署へ通報し，救急車を要請したりする。

※人命救済がすべてに優先するので，これらは発見者が判断して直接対応しなければならない場合が多い。

③ 状況が校（園）長（教頭）へ報告される。

※この段階で責任者の指示による活動に移る。

④ 被害者（負傷者）の保護者に状況と搬送先の病院等を連絡する。

⑤ 校（園）長（教頭）により，教育委員会へ第一報を入れる。

⑥ 校（園）長（教頭）は，⑦以降の活動を役割分担に基づき学校の対応を指示して活動に移る。

⑦ 窓口を一本化（校（園）長，教頭）する。

⑧ 発見者や担任等は周囲にいた児童等の動揺を鎮めながら事情を

聴き，事故に至った経緯，状況を可能な限り収集して責任者に報告する。
⑨　被害者を訪問。(病院，家庭訪問)
・容体・状況の把握・説明（処置の状況，回復の見通し等）
⑩　事故の全容等収集した情報を整理する。
⑪　校（園）長，教頭，生徒指導主事，保健主事，学年主任，ＰＴＡ役員等で今後の対応について協議に入る。
⑫　ＰＴＡ役員等と図り，必要に応じて緊急保護者会を開催して保護者への説明を行う。その場合，個人のプライバシーの保護に配慮。
⑬　必要に応じて，報道機関等へも情報提供するなどの対応を行う。
⑭　再発防止のための指導を行う。
・安全に関する指導を徹底等
⑮　事故報告書を作成し，教育委員会へ報告。
⑯　日本スポーツ振興センター法の規定による災害共済給付のための書類を作成し，必要な証明書等を添付して請求。

3　総合的な学校安全カレンダーへの取り組み

　「安全計画」があるだけでは学校安全の目的は達成できない。学校安全についての児童・生徒の意識を高め，持続することこそが重要であり，そのためには，年間を通して計画的に配分された活動を積み重ね，推進していくほかはない。
　学校としては，このための年間活動計画を配当したカレンダーを持っているのが当然だが，これを生かすには学級担任や各職員がこのカレンダーの狙いを正確に把握し，これに主体的に関わる自らの参加，指導計画を持つ必要がある。

月	活動・行事	対　象
4	交通安全指導 通学路安全点検	全学年児童 担任・ＰＴＡ委員
5	設備施設定期安全点検 校内生活安全指導 登下校時の安全計画協議会	全職員 全学年児童 （学校・地区委員）
6	（セーフティ・ネットワーク作り） 防犯訓練（警察に協力依頼） 校内巡視体制の定期検討 学区内安全マップ点検	学校・地区委員 全職員 全職員 学校・地区委員
7	水害訓練（児童・生徒の引き渡しを含む） 地区別保護者会（地域生活安全指導）	地区委員・職員・児童 保護者
8	自転車安全講習会 　　（地域安全協会へ協力依頼）	全学年児童
9	夜間パトロール（夏祭り）校区内巡視 地震対応訓練	学校・地区委員・児童 全児童・職員
10	設備施設定期安全点検 火災避難訓練 　　（第一次避難場所までの移動） 学区内危険箇所点検	全職員 全児童・職員 学校・地区委員
11	以下略	

○○小学校安全管理関係年間計画表（例）

4　地域ぐるみの安全管理体制構築への認識と活動の実際

　我が国もすでに学校だけでは子どもたちの安全の確保は困難になってきている。学校を取り巻く保護者，関係団体，地域住民などの協力を得

て，実効のあるセーフティ・ネットワークの構築が，これからはどこでも重要な課題となる。その協力や連携を進める効果的な方策として，次のような具体的な活動が考えられている。当然具体的に活動に参加し，推進していくのは個々の職員，担任であるから，それぞれの立場，分担で活動を担うことになる。

① 広報媒体を活用した活動の展開

「学校便り」や学校からの各種のパンフレット，有線放送等の広報媒体を活用し，学校の安全管理に関わる情報を地域内の保護者や住民に対して積極的に発信していく。これに呼応した「学級通信」や保護者会などを通しての学級担任の活動は欠かせない。

② 連絡会・協議会等の設置

学警連や地区の交通安全協会等の組織の活用，警察，町会等各種の組織を含む連絡会，協議会を組織して，日常的に顔を合わせ，意見交換することにより，緊急時の協力体制作りの基礎堅めをする。

③ 警察等との連携強化

ふだんから学校周辺のパトロール，登下校時の安全確保，防犯情報の提供，交通安全講習，防犯訓練，防災訓練等に支援，協力を要請するなど，警察，消防ほか各関係機関と学校は緊密な関係にある。一方，警察署等の主催する啓発運動，安全指導行事等へは，児童が参加するなど学校挙げ

ての積極的な協力等を行い，緊急時にもスムーズな対応ができるような関係を作っていく。

④　地域社会活動の活性化への支援活動

地域社会の各種の活動を活性化するために，学校は余裕教室や施設の開放等を行い，積極的な支援，協力をする姿勢が示されるべきである。こういうことの積み重ねの中から，地域住民への緊急時の協力依頼がスムーズに受け入れられるような土壌が生まれてくる。

⑤　「子ども110番の家」の周知活動

児童の緊急避難場所としての「子ども110番の家」を地域の人たちに知ってもらう。また，駆け込んで来た子どもへの適切な対応なども，広報や話し合いの機会に話題として出し，地域住民に知ってもらって，子どもの安全を守るという地域の共通意識が高まるようにする。

⑥　あいさつ運動の展開・推進

大人も子どももお互いに会ったら声を掛け合う運動は，お互いに顔なじみを作る結果になり，こんな地域社会は子どもの安全度が高い。関連団体と提携した，地域挙げての登下校時のあいさつ運動は，このような危機管理のできる地域社会作りの具体的な手だての一つである。

5 「学校安全」に関わる法律

学校安全に関わる諸活動は，関連する法的な根拠にもとづき行われる。学校安全に携わる者としては下の法規は一通り理解しておきたい。

法規名	条項とその内容	
学校保健法	第1章第1条	学校保健の目的…保健管理・安全管理
	第2条	学校保健安全計画の策定及び実施
	第3条2項	学校環境安全・点検・修繕・維持
学校教育法	学校の安全管理に関する管理当局並びに教師の諸義務	
日本体育・学校健康センター法施行令	【参考】文部科学省防災業務計画 総合的な防災対策・災害予防対策・災害応急対策・災害復旧・災害復興等について詳細にふれている	
学校保健法施行規則	第2章2項〜	定期的・系統的な安全点検義務
	第22条5項	安全点検──法令によるもの，定期に行うものの内容
		臨時に行うもの
	第22条6項	危険箇所明示・修繕を意図する安全点検後の事後処置
	第22条7項	安全な環境維持・日常性の確保
関連する法規等	◇学習指導要領等教育課程の編成 ◇学校建築法と学校安全 ◇消防法と学校安全 ◇災害基本法と学校安全 ◇青少年育成条例・子どもの権利に関する条例等学校安全に関連する法規	

2 学校施設の安全のチェックのポイント

1 学級担任が持つべき学校安全環境チェックへの基本姿勢

　学校の安全環境保持は子どもを危機から守るためのもので，学校の体面や世間への言い訳のためのものではない。学校における安全環境とは，子どもたちが「安心して学べる安全な環境」という意味であり，この環境の保持こそが学校の責任である。安全チェックはその具体的活動の一つであり，学級担任としては特に背負う責務は量，内容とも多岐にわたる。

　この責務を果たすためには，次の点について自分の認識，姿勢を予め自己点検しておく必要がある。

- 教育の場に必要な，「教育目的に適う教育的安全環境」というものについてどんな認識を持っているか。
- 現在の「安全環境」の破綻に常に注意する意識と，具体的な対応策を持っているか。
- 発生しそうな「危険」について常に意識し，発見しようとする意識を持っているか。
- 当面する建造物，施設の問題点の解決まで子どもの安全確保のための協力体制へ積極的に協力する意欲，姿勢を持っているか。

放置されたままの環境

簡単に乗り越えられる校舎の周囲塀や生垣

2 見落としがちな校舎内外の建造物の問題箇所点検のポイント

　大人の予想を超える行動をするのが子どもである。校舎内外の建造物の欠陥によってその特性が大きな事故を生む。実際に起こった事故事例から，次のような場所が点検のポイントとして浮かび上がる。

(1) 転落死亡事故が多発する学校

> 【事例①】　3階図書室の窓枠にまたがっていた小2男児が，立ち上がろうとしてバランスを崩して約9m下のコンクリート通路に転落。頭を強く打って意識不明の重体となる。(2004年6月，奈良県)
> 【事例②】　休憩時間に小5女児が3階階段の下り手すりの上にまたがっていて，3.5m下の2階階段に転落。頭の骨を折って重体となる。(2005年5月，山形県)
> 【事例③】　男子児童が鍵のかかっていない体育館で鬼ごっこをしていて天井裏に入り，天井板を踏み抜いて5m下のコンクリート床に墜落。頭を強く打って死亡。(1973年4月，大阪府)

　転落事故としては，落ちた雑巾や靴下などを取ろうとしてヒサシへ出た子どもたちが転落した例が多いが，このほか，体育用具倉庫の梁に登ったり，3階のトイレの窓から身を乗り出した子が転落するなど，予想もできないような場所での転落事故が発生している。

　これら事故に共通するのは，子どもの特性の配慮なしに，簡単に乗り越えられるような低い窓やヒサシ，高い場所へ登る足がかりや手がかりとなる施設がそばにあり，子どもの問題行動を誘発する条件となりやすい構造を備えているなど，構造上に欠陥を持つのが第一の問題点だが，さらに現場でそれらに注意が向けられることなく放置されていた点であ

る。

　最高裁ではこれらの事故は，設置管理の手落ちに当たるとされ，設置者だけでなく現場教師の責任も厳しく追及されている。フタのないマンホールを作っておいて，落ちないための指導をしたというのは言い訳にならない。学級担任としては，常時子どもの危険な行動を誘発するような状況が放置されていないかという視点での点検は欠かせない。

●問題に気付いたら〈対応策例〉
- 点検結果を設置者に報告し，早急な根本的改善，改良を求める。
- 危険箇所に入り込めないような応急策を講じて危険を防ぐ。
- 他の教師と協力して子どもへの安全指導と教師の目が常に届くような指導体制を組む。

階段手すりでの滑り降り遊び

(2) 一級の危険地帯「廊下」

　休み時間に追いかけっこをしていた子どもが，廊下の窓ガラスに衝突して死亡した事例がある。むき出しの硬いコンクリート壁と壊れやすいガラス戸に囲まれた廊下は，一級の危険地帯。活動的な子どもの廊下での事故は衝突と転倒がほとんどを占める。この廊下は，「事故誘発条件を備えた環境」という視点からの点検は欠かせない場所であり，生活指導だけではなく，施設的な面からの具体的な対応を求められる。

① 滑りやすい廊下での転倒事故

　転倒による骨折，頭部挫傷などの事例は多い。最近の，表面が湿気で滑りやすい状態になる素材を使用した廊下は，明らかに建造物側の欠陥を孕む。ここで転倒して脇のコンクリート壁に頭部を強打したりすると，救急車で搬送されるという大事故に発展する。

② 見通しの利かない場所の衝突事故

　先にもあげたような休み時間に追いかけっこをしていた子どもが，廊下の窓ガラスに衝突して死亡した事例以外にも，教室から出て来た子と廊下を走っていた子の衝突事故とか，曲がり角での出会い頭の衝突事故などで，大事に至る前の事例は日常的に発生する。毎日通る場所だけに，教師子ども共に慣れてしまって，危険を予知し，対応する感覚が鈍りがちになるところでもある。

●問題に気付いたら〈対応策例〉●
- 設置者に現状を報告，早急に根本的な改善，改良を求める。
- 安全歩行指導と併行して，雨天時の廊下での職員による現場指導，監視のできる体制を組む。
- 滑りやすい廊下に中古カーペットを貼り付けたり，見通しを妨げる戸棚や掲示物などを移動して，整理整頓する。

危険の多い廊下

(3) 大事故に連なるプールや屋外施設

① 大部分が設置管理の手落ちから発生するプール事故

　外れていたプールの排水溝のフタを元のように直そうとした5年生男子が，排水口に右足を吸い込まれ溺死したり，排水口のフタを固定するネジがはずれていて，水中歩行訓練中の子どもたちが足にケガをしたり，水深不足のプールでの飛び込み練習中に首の骨の骨折など，プールでの事故は多い。地裁ではこれらの事故についてすべて設置管理に手落ちがあるとしている点に注目して，念入りなチェックがしたい。

② 気付かぬ間に老朽化が進む屋外施設

　腐蝕していた国旗掲揚の鉄製ポールが倒れてきて，近くで遊んでいた児童が負傷したり，校地を囲むブロック塀によじ登っていたら塀が崩れて転落したり，寄りかかった卒業記念作品が倒壊して負傷とか，中庭に敷いてあった石を投げ，たまたま通りかかった他の子の目に当たり失明とか，中庭の観察用池に近所の幼児が落ちて救急車で搬送など，校地の至る所に危険箇所はある。これらの施設は子ども特有の行動を予測しての，常時安全点検の対象となる。

卒業記念碑のそばに張られた立ち入り禁止のロープと注意札

●問題に気付いたら〈対応策例〉●

- 点検の時，素人目でも異状が見られるような場合は，すぐに設置者や専門家に連絡し，補修が終わるまでは危険範囲に設定して立ち入り禁止などの措置をとる。
- 中庭の小石などは撤去し，壊れた池の柵補修などの応急補修をする。

(4) 教具・遊具のチェックの点検と対応のポイント

① 凶器にも変身する教具・遊具

　　　校庭の遊具類の点検の視点――危険な構造部分
○遊んでいる子どもの手足，首など身体を挟んだり，傷つけたりする危険構造や破損箇所はないか？
○各固定部分で腐蝕や劣化して安全上不安な箇所はないか？

○周囲にいる子どもたちに衝突したり，ケガをさせたり等，遊具周辺の遊び環境の安全は確保されているか？

② 思わぬ事故を生む整備不良な教具・学習施設

授業中に発生する事故の大部分は，教材教具によるものであり，ここでのすべての事故について，指導者である担任の責任は免れない。

○跳び箱の段枠を固定するホゾが破損していた跳び箱の枠がずれて跳び越えようとした子どもが，バランスを失って転倒，骨折。
○固定部分がゆるんでぐらぐらと揺れる鉄棒から転落，骨折。
○マットの破れ目に足先を引っかけて捻挫。
○体育の時間，硬い砂場で幅跳びをしていた子どもが，足を骨折。
○体育の時間にグラウンドに落ちていたガラスの破片で手を負傷。

使用度の激しい教具の破損による事故例は多い。

衛生面からの配慮も必要な砂場

砂場の砂から出てくるいろいろな物

■問題に気付いたら〈対応策例〉

- 子どもの係などと協力して常に多くの目で安全な状態を保つような体制を作っておく。
- 学習時はまず子どもと共に安全点検をする習慣をつけておく。
- 発見したらすぐ上司に報告し，指示を仰ぐ。補修や完全に補修が終わるまでは使用禁止措置など，即座に対応して，対応が完了するまでその場を離れないようにする。

(5) 自然が巻き起こす思いがけない事故

① 風がサッカーゴールを倒す

　校庭の鉄製サッカーゴールが，突風に煽られて子どもの上に倒れかかり下敷きになった子どもが死亡という，考えられないような事故例もある（2004年１月，静岡県）。また，学校行事で校庭に張られたテントが，突然の強風に巻き上げられ子どもと大人が大勢負傷するという事例もあった。

　このほか，校内に設置されていた案内板や非常階段の腰板のビニール板，飼育小屋の屋根のブリキ板などが吹き飛び凶器となったこともある。

② 子どもに倒れかかったテレビ台

　鉄骨を組んだだけのキャスター付きのＴＶ台に男児が衝突したら，台が倒れて29型テレビ受像器の下敷きになって死亡する事故が発生した。

　校内にはピアノ，給食用配膳車など，キャスター付きのものも多く，あちこちに置かれているが，これらのものは基本的構造に問題はないか，固定金具や器具の弛みや破損，脱落など，直接触れる機会の多い担任の日常点検を要する重要な点検対象である。

―――――●問題に気付いたら〈対応策例〉●―――――

- 強風，豪雪など地域の特性を考慮した視点から点検，確認する。
- 設備，器具の固定状況を調べて，問題点はすぐ報告，対応措置を

とる。
- 室内キャスター付き器具のストッパーや移動停止器具などの状況は定期的に点検して，問題点は即座に補修，対応する。
- 学級文庫戸棚など，教室内設備の転倒措置の点検と補修。

(6) 保管管理の不備が生み出す事故

① 吹き矢が当たって子どもが失明

鍵のかからない教室の戸棚に，保管されていた学級行事用の風船割りの吹き矢を，先生の留守中に勝手に持ち出して遊んでいたら，一人の子の眼に当たって失明。

これと同じような事故が，別の学校の社会科の学習で作った弓と矢でも発生した。

両校共，戸棚には施錠装置がなく，自由に持ち出せる状況にあった。この場合，鍵がない戸棚，先生不在という状態が，これらの事故を生み出したとして厳しく学校の安全管理責任が追及された。

② 施錠を必要とする校内施設の確認

理科実験用薬品戸棚，学級農園作業用農器具庫，危険を伴う清掃作業器機や清掃用薬剤を収納する物置などは，子どもの特性である行動を予想した，最大限の安全対策を講じられていなくてはならない。

これらの保管箇所の中には共用するものもあるので，常に完全な状況の維持や点検が行われなければならない。それは，主として分掌した職員が当たるが，共用する担任も無関係な姿勢では完璧を期すことはできない。

防火シャッターの閉鎖装置のフタ

小2男児が校舎内の防火シャッターに首をはさまれた。警報音で

事故に気付いた教師が隙間に手を入れてシャッターを持ち上げたが上がらず，そばのシャッターを上げる紐を引いて開けて救出したが，子どもは一時意識不明の重体。

　このシャッターは煙による自動作動だけでなく，シャッター横にある「非常時用手動閉鎖装置」のレバーを引いても閉まる構造になっていた。

　調べではこの時は煙感知器は作動してしておらず，手動閉鎖装置のふたが数日前から紛失していたということで，自由に開閉できたので，誰かが手動用レバーをいたずらして作動したものと考えられる。(2004年6月，埼玉県)

●問題に気付いたら〈対応策例〉●

- 生活指導で学級の子どもに注意するだけでなく，使用される教材教具の保管場所，保管方法は校内で決められたマニュアルに従って手落ちなく管理しておく。
- 施錠する鍵の定期的点検，保管場所の破損等の場合，補修は即刻実施する。完了までは閉鎖したり，使用できないようにしたり，交代で張り番をしたりして，完成までの間の空隙に次の事故が発生しないような対応をする。
- 点検後は日時，内容を記した点検記録に記録して次の人に引き継ぐ。

(7) 校内設備の落下事故に対する点検のポイント

a．体育館の袖幕が頭上に落ちてきた

学校によっては体育館や講堂の天井に，緞帳や舞台用ライトなどを吊り下げているバトンやワイヤーが張り巡らされている。本来は吊り下げる物の重さに合わせて設計してあるロープや支柱だから，子どもの体重

が加わるなど想定外の事態である。しかし，下がっている物にはぶら下がりたくなり，高い場所には登ってみたくなるという子どもの特性から考えると，そんな事態は当然考慮に入れておくべきことである。

> 休み時間に体育館に入り込んでかくれんぼをして遊んでいた子どもの一人が，舞台の上に垂れ下がっている袖幕の中に隠れようとして，袖幕を自分の体に巻き付けた。すると，幕を吊すために天井に張り渡してあった鉄製棒を空中で支えていた紐が，幕の重さに加わった子どもの体重に耐えきれず切断，落ちてきて，下の子どもは頭部を負傷した。

b．天井から照明器具が降ってきた

基本的な生活習慣のついていない子どもたちの中には，場所もわきまえず不適切な行動をすることも多い。未完成な子どもを預かっているのが学校であるから，そのような不適切な行動も想定の中に入れた管理が求められる。これらは注意や指導だけでなく，設備面からも可能な限りの配慮がされていなければ，子どもの安全は守りきれない。

> 教室にサッカーボールを持ち込んで遊んでいた子の蹴ったボールが，天井の蛍光灯を直撃した。そのために破損した蛍光管が，ちょうど机の上で本を見ていた女の子の頭上にバラバラと降り注ぎ，その子はガラスの破片で頭や首筋に負傷するという事故があった。

さらに，体育館の天井の照明や屋外灯は，飛んでくるボール等を想定

して衝撃を防ぐネットが張ってあったりするが，それも高い場所だったりして見えにくいなどの条件から，ビスの腐蝕，弛みなどに気付かず，少しの衝撃で落下するなどの事態が起こる。この面からの点検は欠かせない視点である。

●問題に気付いたら〈対応策例〉●

- 緞帳や袖幕の管理は，必要時に設置するという方法をとりたいが，取り外し収納が困難で，やむを得ず常設しておかねばならぬ場合は，使用後は幕をまくり上げて大きなビニール袋で包み，子どもの手の届かない高さに吊り上げておく。
- 高い場所にある天井のバトンやワイヤーは，当番を決めて目視だけでなく定期的な点検，補修をする。
- 室内での生活の指導はもちろんだが，廊下，教室の照明器具にも丈夫な保護ネットを設置するように要請する。
- 校庭に近い窓ガラスはフィルム等を貼り，万一の破損による室内の児童生徒の負傷事故に備える。

3　日常学校生活の中での安全確保

(1)　給食リフト事故

給食時間になると，給食配送リフトの前は各学級の給食当番で混雑する。こんな中で発生する事故は，施設や設備がらみのものが多い。

このような状況での安全確保は，まず子どものいたずら

> 給食の準備時間，リフトから食缶を取り出そうとした当番の子が，急に動き出したリフトに挟まれて大けがをした。順番を待っていた他の学級の子が，リフト脇の給食運搬用リフトの操作スイッチをいたずらして押したのが原因だった。

I-2 ◆学校施設の安全のチェックのポイント

危険を呼び込む器機の管理状況例

子どもが手を伸ばせばリフトの昇降作動ボタンが触れるようになっている古い学校の給食リフト
現在は操作ボタンが扉のついた枠の中に納められ露出していない方式（写真右）のものに改められている。枠の扉は職員が鍵で開けて必要時に操作する。

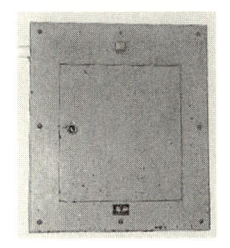

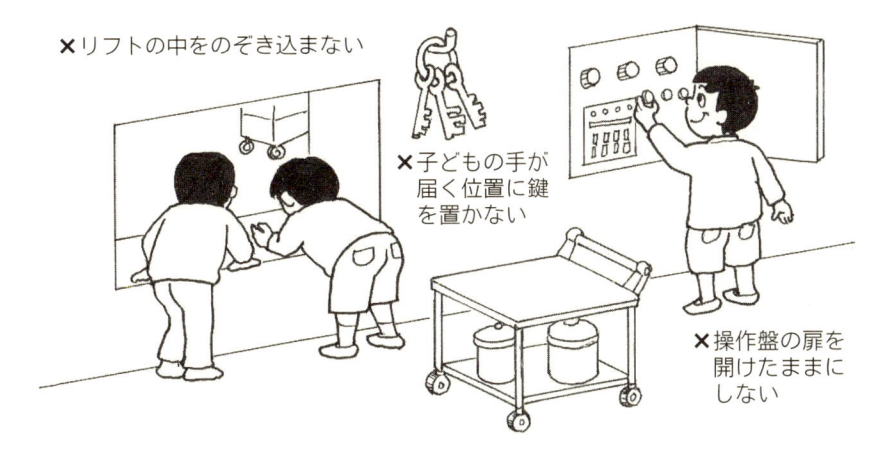

×リフトの中をのぞき込まない
×子どもの手が届く位置に鍵を置かない
×操作盤の扉を開けたままにしない

を誘わないように大人の背の高さに合わせて設置された操作盤とか，子どもでは勝手に作動できない，体の一部でもリフト内にあると作動しない等，自動的に子どもへの安全を確保できる器機，施設設備面からの配慮，整備が必要になる。

担任としては，これらの備える器機の機能が正常に作動する状況を確保していくためには，専門的な知識理解までは無理としても，突然の故

障や事故の場合に，適切な対応をとることができるように，各種器機の構造の概略と操作方法を調べて頭に入れておくことが不可欠になる。その基礎知識を元に，施設設備が正常な状態を保持できるように努める。

●問題に気付いたら〈対応策例〉●

次のような点で異状や不具合を発見したら，すぐ担当者，上司に報告，対応する。対応が終了するまでは使用禁止は他と同じ。
- 各種器機の電源盤やリフト操作盤のカバーは正常な状態にあるか。
- 給食リフトの開口部の施錠は確実に行われているか。
- 保管されている鍵の中で所在不明のものはないか。
- 食缶や運搬用ワゴンに破損や不具合で危険なものはないか。
- 配食カウンター等の施設にささくれや危険を伴う凹凸はないか。

---

(2) 学級内の安全環境整備

① 教室の設備の安全ポイント

学校でのほとんどの時間を過ごす教室は，安全面での盲点が多く潜む場所でもある。安全な環境の維持は，担任教師の注意力と即時対応能力に負うところが多い。

教室に潜むいろいろな危険

開けようとした3階のガラス戸が外れて落下し，下で掃除中の子どもが大けがをしたという事例がある。教室の点検のポイントは下のようなところである。

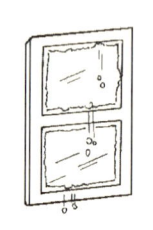

| ガラスを固定するパテ | 壁・腰板の破損，剥落 | 窓枠の立て付け |

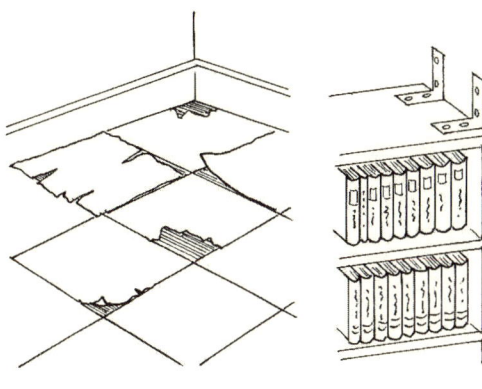

床のはがれや凹凸 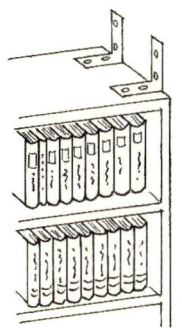　　書棚等の固定金具 　　出入り口の引き戸・扉の
　　　　　　　　　　　　　　　　　　　立て付け

●**問題に気付いたら〈対応策例〉**●

- 自分で対応できない欠陥はすぐ専門家による補修を要請して修理し，先送りすることは厳禁。

---

②　子どもの城「勉強机」と「いす」の整備・保全

　毎日学習に使う机といすは，子どもの成長・健康に大きく影響する。これらが事故や障害の発生源となっては担任として申し訳が立たない。

体に合わない机といすへの抗議

　授業参観に来た保護者から，我が子が体に合わない机をあてがわれているのを見て，厳重な抗議をされたという事例がある。これは完全に学校側の手落ちで申し開きのしようがない。破損したいすや机で軽い負傷という例も少なくない。抗議の有無にかかわらず，担任教師は日常的に次の点に注目して点検しよう。

●**問題に気付いたら〈対応策例〉**●

- 子どもの状況を観察して，問題点を発見したら，すぐに取り替えたり専門家による補修を要請する。

ぐらついている机・いす　　　　金具や釘，木材のささくれ

高さや大きさが体に合わない机・いす　　凹凸がひどくて書けない机の表面

③ 健康・安全な教室環境の保持

最近の生活様式により子どもの視力，聴力などが各種の機能障害に蝕まれている。生活時間の長い学校生活では，この点について特に次のようなことについて点検し，対応していかねばならない。

　a．通風・換気

　　★常に新鮮な空気の補充に注意。

Ⅰ－2◆学校施設の安全のチェックのポイント

b．適正な照度　★適当な光環境ですか？

健康な目を保つ配慮は学校の責任。

c．健康的な温度・湿度　★適切な温度・湿度ですか？

気管支の弱い子への配慮は欠かせない。

d．苦労しないで聞き取れる静かさ　★適切な音響環境ですか？

静寂は適切な学習環境の重要な要素である。

49

(3) 校内の安全のための施設・設備の工夫

校内安全のためには既設の施設・設備を超えた，自分の学校現場の状況に合わせた工夫，整備が求められる。

① 粉塵室内持ち込み防止設備の整備

学校における粉塵災害の主役の土ボコリの運び込みを防ぐ効果的な施設・設備はいろいろとあるが，実際には土が詰まったままで，全く機能していない場合も少なくない。担任としてはそれらの施設・設備の状況把握，点検，機能維持のための清掃，点検，補修が欠かせない。

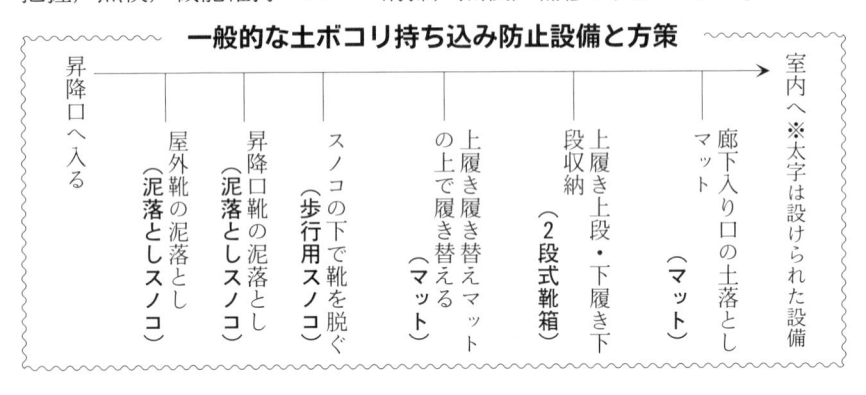

一般的な土ボコリ持ち込み防止設備と方策

昇降口へ入る → 屋外靴の泥落とし**（泥落としスノコ）** → 昇降口靴の泥落とし**（泥落としスノコ）** → スノコの下で靴を脱ぐ**（歩行用スノコ）** → 上履きの上で履き替える**（マット）** → 上履き履き替えマットの上で履き替える → 上履き上段・下履き下段収納**（2段式靴箱）** → 廊下入り口の土落としマット**（マット）** → 室内へ

※太字は設けられた設備

② ドアによる子どもの事故

大勢の子どもが狭い空間に生活していることによって起こる事故は，生活マナーの指導で防ぐことには限界があり，子どもたちの特性を考慮した設備面での合理的な対応とその保持が望まれる。

> 非常口近くで追いかけっこをしていて，逃げる子が後ろ手に勢いよく防火扉を閉めたら，追っ手の子の指が扉に挟まれて指2本切断という事故になった。

鉄製のドアだけでなく，立て付けの良くない教室の引き戸式の戸でも同じような例がある。学校には様々な種類，型のドア，引き戸が至る所

I−2◆学校施設の安全のチェックのポイント

にあり，開閉したドアが通行していた子どもを負傷させたり，いたずらしていて閉じ込められたり等，ドアに関する事故は多い。学校は予想される危険状況が発生しない施設・設備を備えておく義務がある。一方，それらは使用頻度が高く，消耗破損も激しいので，担任としてはそれらを常に監視して，それぞれの施設・設備の機能の維持保全に努めねばならない。

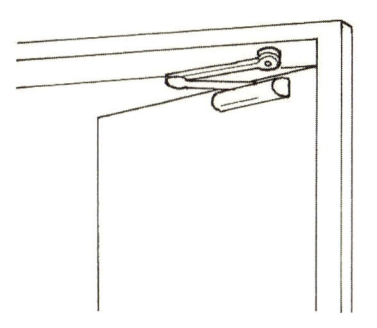

急激な開閉をセーブするドアの装置

自由な開閉をさせない上部に設置された簡易施錠を持つドア

透明なガラスを張った戸・扉

相手の足が見えるドア

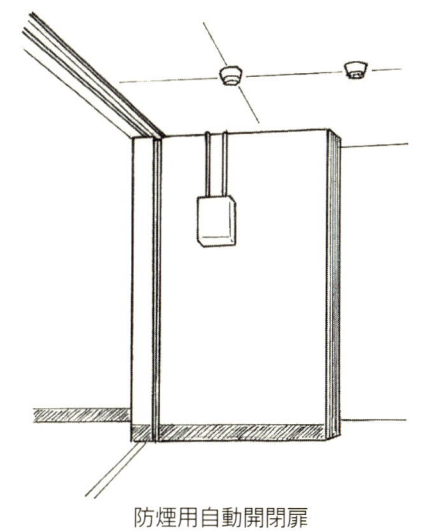

防煙用自動開閉扉

> ●問題に気付いたら〈対応策例〉●
>
> - 目視による日常的な点検で，不具合な箇所を見つけたら即刻専門家による制止機能等の調整や修繕する手配をする。
> - 機械設備の構造の概略を学び，緊急時の対応の仕方を習得しておく。
> - 緊急時の対応マニュアルを扉の脇の壁に掲示しておく。
> - 一般扉にも速度制御や中間停止する器具を取り付け，子どもの被害防止に努める。

③ 校地内の通路の安全確保

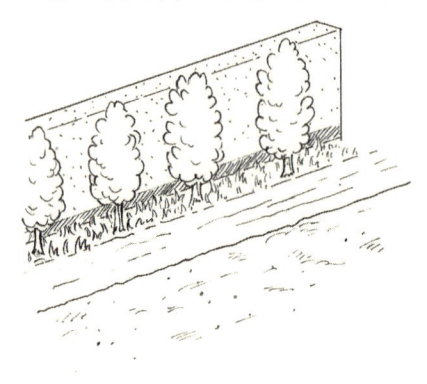

倒壊塀から身を守るために作られた塀に沿った植え込み

教室の窓際の通路に沿ってグラウンド側に張られたゴルフネットの防護幕

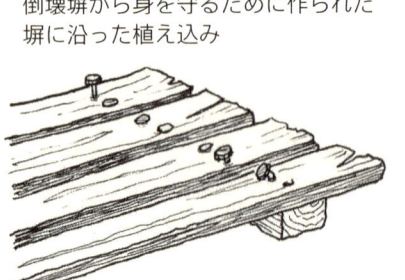

渡り廊下の踏み板の破損による受傷

廊下等通路に不注意に置かれた通行の障害物

Ⅰ-2◆学校施設の安全のチェックのポイント

●問題に気付いたら〈対応策例〉●
- 子どもたちがふだん通行する通路は，皆で知恵を出し合い，飛来するボールや地震等による落下物や塀の倒壊等から体を護る遮蔽設備を作る。
- 頻繁に往来する渡り廊下，昇降口のスノコ板などの釘やささくれなどは定期的に点検し，補修して対応する。
- 廊下に非常時に避難の障害となる可能性のある物はなくする。
- これらの設備を担任はじめ多くの職員で手分けして，常時その損傷や消耗具合を点検し，補修体制を組む。

④ 場所や気象から発生する緊急事態への備え

　特別な条件の元で発生する可能性のある危険状況に対しては，学校として予め点検，独特な対応マニュアルを持ち，各担任はそれらに即刻対応できるようにしておかねばならない。

豪雪地帯
体育館屋根の落雪に備えての立ち入り禁止ロープ

多雨・浸水地帯

異常気象による現象

茶毒蛾の異常発生したサザンカの植え込みに立てられた警告立板

水の溢れる校地の中の側溝に脚をとられる子
危険箇所を知らせる赤旗と見張りの職員

●問題に気付いたら〈対応策例〉●
- 地域や学校の特性を把握，理解し，過去の事故例を把握しておく。
- 担任として子どもや家庭などから地域のニュース等の情報を集め，学校へ連絡等タイムリーに対応する。
- 全校で組織的な活動への参加とともに，緊急時にはまず現場に出向いて指導，監視して安全を確保する。

3 防犯のための安全チェックのポイント

1　学校の安全を守る共通認識と協力

　文部科学省を中心に全国の学校が目指してきた「地域に開かれた学校」は，学校への来訪者の多様化，自由化を招き，学校の壁が極端に低くなった。さらに日本社会の変化で，かつては学校の来訪者は子どもの健やかな育成を願う善意の者だけであったが，現在の日本の学校は破壊や盗難等，最近激増する学校への無法行為事件の防御，阻止という面からは，無防備状態に近い。

　これらの防犯は個人だけでは対応できない。学校，保護者，地域の人たちが，下記のような共通認識を持ち，各自の分担役割を確実に遂行し，お互いの弱点を補強し合い，強力な防犯環境を作り上げるほかはない。

防犯環境設計のための4つの基本原則
監視性確保…不審者，不審行動をチェック
地域性の強化…住民が交流し合い，部外者が侵入しにくい環境作り
接近の制御…犯罪を実行しようとする者の動きを制限し，接近を妨げる設備，仕組み
被害対象の強化，回避…施錠，強化ガラス等で施設等への侵入を防ぐ工夫

2　学校で取り組むことのできる防犯対応策

　侵入者による窓ガラス等の設備，器物の破壊行為，果ては子ども，教

師への加害事件等で，世間の視点は当事者である現場のみにその防止責任が向けられる傾向が強い。

　子どもの教育のために設置，組織されているのが学校である。本来の機能を無視した過大な要求は，学校現場をして，戦時中の竹槍訓練のような，非現実的な，建前だけの精神主義に走らせる。これは学校に混乱と疲弊を生み，教育機能を低下させ，結局は学校教育の崩壊につながる。

　学校防犯対策を支えるのは下のような 2 領域であり，大半が設置者の役割に含まれるが，なお，学校現場には本来の教育機能を高める中で，その持つ機能の総力をあげて，子どもの安全に寄与する責務がある。

学校防犯対策を支える 2 つの領域
① 設置者の行う長期的な取り組みの内容例
- 昼夜を分かたぬ繁華街の中に存在する校地としての対応
- 校地と外部とが自由に行き来できる開放的な境界の構造
- 死角だらけの建物配置の対策
- 侵入の容易な建物の構造への対応等

② 学校現場で対応する短期的取り組みの内容例
- 訪問者のチェック
- 校舎内の死角の巡視組織と実施
- 職員の防犯，防御対応組織体制の構築と訓練
- 門，窓等の施錠など侵入防止施設設備の点検，整備
- 子どもの避難計画の策定と訓練
- 通報施設設備の点検と整備等への対応

(1) 「長期的な取り組み」面での担任の役割

　西欧では，関係機関の防犯活動を組み込んだ，総合的な防犯環境設計に基づいて建設される学校が多いという。もともと総合的な防犯環境設計を持たない日本の場合，急激な時代の変化に加え，繁華街のど真ん中

の学校など，多くの問題を抱え，また，設置時には不安のなかった造築物でも，新しい問題が発生することは避けられない。

このような基本的な環境設計の問題は，実際の対応は設置者の手に委ねるほかはない。設置者を差し置いて直接関わることのできないこの長期的取り組み領域は，現場としては，一刻も早く効果的な防犯環境が実現するように，次のような日々の実践を通して生じる種々の問題点を発見し，これを即時に設置者に報告，改善の要請をするなどの，設置者への支援活動をするのが責務である。

① 校地内への侵入防止対策の問題点発見のポイント

校舎内，校舎外を問わず，侵入者が何の抵抗もなく簡単に入り込めて，身を隠すことができる場所がいくらでもあるというような建物の構造や配置は，侵入者を呼び込み，犯罪を助ける欠陥建築である。子どもを預かる学校の構造物としては，最悪の条件を備えていると言える。

この侵入を誘う箇所，校地内に存在する死角，犯罪発生の可能性の多い危険エリアは防犯環境計画実施の上での重要なチェックポイントの一つである。学校の職員としては，常にその視点を持って日々の生活の中からそのような場所の情報を集め，自ら発見する。問題を感じたら自分で実際に現場を見て，実態を具体的に捉えることが必要で，その結果は緊急に設置者に報告し，その改善を求めることになる。

問題箇所の早急な改善は設置者の責務であるが，現実的にはいろいろな障害が出たりして実際に改善が完了するまでにはいくばくかの間隙ができる。それまでの応急的な対応は，担任はじめ学校現場人が分担して受け持つのは，子どもを預かる者の当然の責務であろう。

侵入を呼び込み，助ける構造や施設

塀が校舎に侵入する足場となっている

周囲を建物に囲まれ目の届かない物置裏は侵入者の一時避難所

境界にならない低い塀や生垣

鬱蒼とした中庭の植え込みは身を隠すのに格好な場所

足がかりハシゴの代用になる構造のフェンス

見通しの悪い校舎の出入り口

② 「子どもの活動領域」への侵入口

　子どもの活動領域である教室や施設に，一般の人が自由に侵入できる状況の中では，子どもの安全を守るのは至難なことである。根本的には建物の構造自体が，子どもたちの学習活動領域には部外者が自由に侵入できないようになっていることが必要で，現在の施設で下の図のような，その面での弱点箇所が大事な点検対象になる。

監視機能を全く持たない
一般来訪者・保護者専用玄関

無監視，自由に通行できる
校舎，教室への通路

どこからでも出入り自由な昇降口

子どもの学習領域の区別，境界のない
開放施設と運動場

(2) 「現場の対応」短期的取り組み

　前述のような問題点に対して学校現場としては，日々の子どもの安全管理のために，長期的な対応の完備を待ってはいられない場面が多い。まずは目前の不備，問題の現実に対して，実行可能な対症療法的防犯対策を策定し，実施するほかはない。この場合，前述の長期的対応領域への改善要請は棚上げすべきではない。際限のない領域外への取り組みは，学校本来の教育機能の低減を招き，本末転倒となるからである。さしあたり，学校現場の応急対応として次のようなことが考えられる。

① 大人と子どもの生活圏の切り離しへの工夫

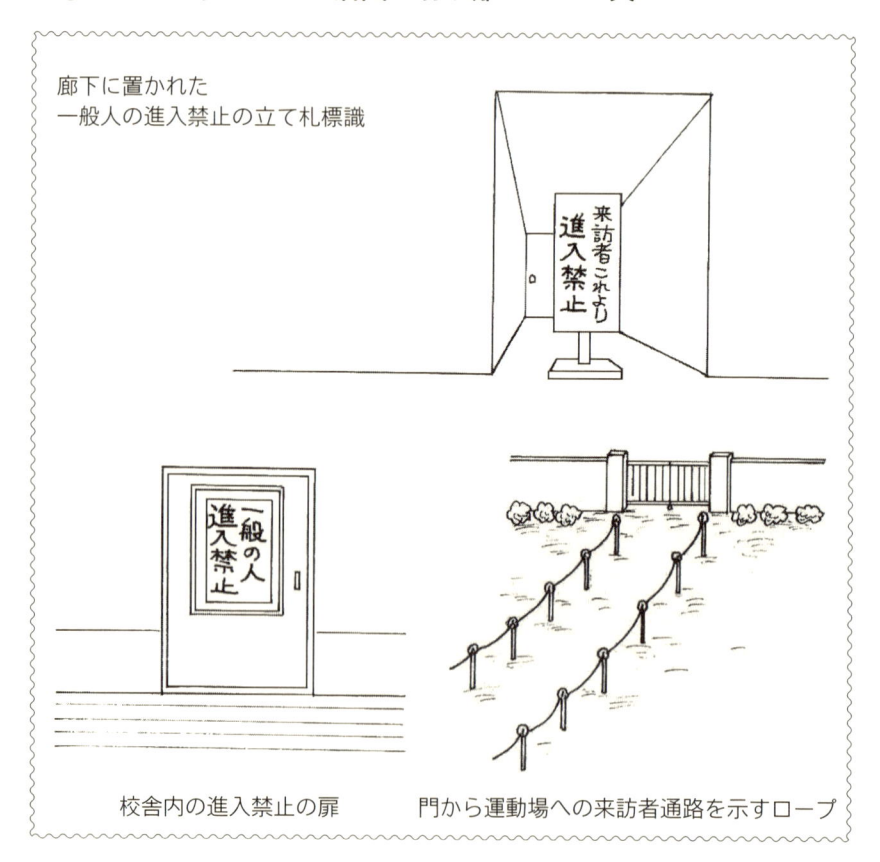

廊下に置かれた
一般人の進入禁止の立て札標識

校舎内の進入禁止の扉　　門から運動場への来訪者通路を示すロープ

② 来訪者をチェックできる設備と対応策

常駐の専門警備員のいない学校現場の現在の態勢では，授業が始まったらすべて閉鎖するか，保護者やボランティアに頼って，出入者のチェックをしてもらうほかはないが，少なくとも次のような配慮と設備は最低限必要である。

a．出入り口の規制

裏門，給食用食材運搬出入り口などは，使用時には監視者がいる前で通行し，その他の門はすべて閉鎖して，出入りは正門だけとする。さらに，校舎への入り口は，事務室などから見通せる来訪者専用玄関を決めて来訪者の把握が容易にできるようにしておく。

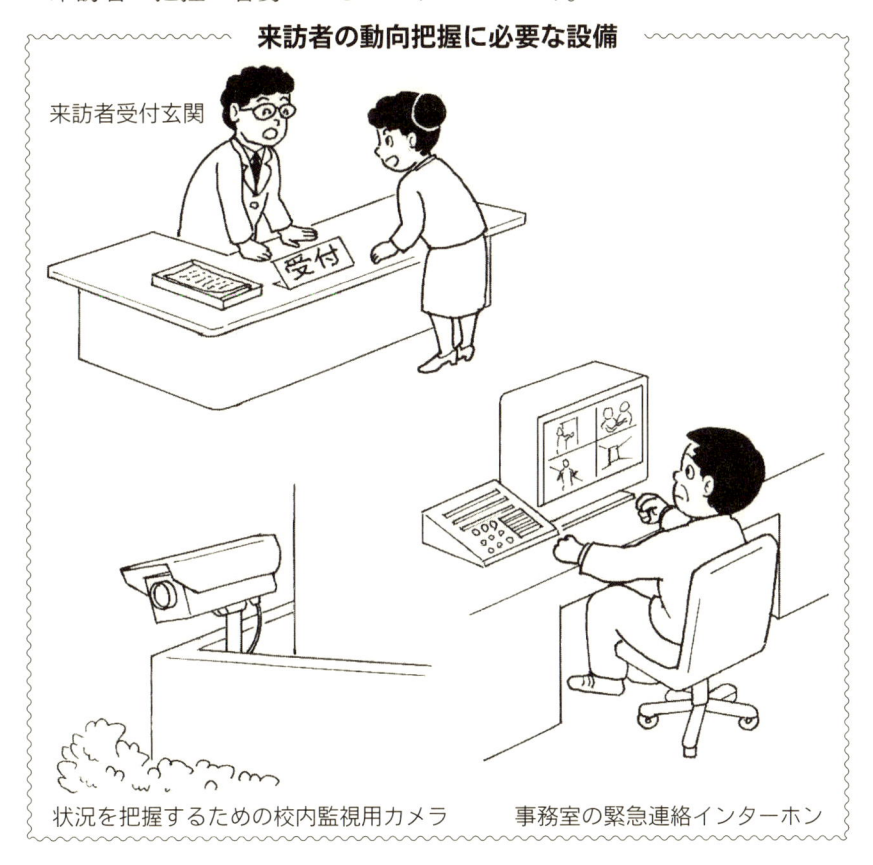

来訪者の動向把握に必要な設備

来訪者受付玄関

状況を把握するための校内監視用カメラ　　事務室の緊急連絡インターホン

b．来訪者と来訪目的の確認と行動監視

　事後記録ではなく来訪者の身分，目的の確認，認可というステップが必要である。不審な来訪者は断り，立ち入り後も不審な行動が見えれば即座に対応できなくてはならない。廊下カメラ設置等，現状の中で来訪から退出までの追跡監視の体制がどこまで組めるかが安全度を決める。

来訪手続き

1）　来訪者専用玄関で「訪問者記録ノート」の各項目に記入する。
2）「来訪者札」の箱の中から該当する「来訪者所属札」を選び，胸につける。
3）　用事が終わったら，来訪者専用玄関の「訪問者記録ノート」に退出時刻を記入し，胸の「来訪者所属札」を箱に返却。
4）　来訪者専用玄関から退出。

※来訪者に自主的に手続きを踏んでもらえるよう，事前に対応しておくことが必要。

「訪問者記録ノート」の項目例

- 氏名
- 所属（在学子女の学年・組）
- 訪問先
- 来訪目的
- 来訪時刻
- 退出時刻

「来訪者所属札」例

黄──保護者
赤──業者
白──ＰＴＡ関係
緑──地域・一般
青──学校関係者
茶──学校職員
　　※安全ピン付き

※警備員がいない状況では，行動追跡は困難だが，ボランティアの協力や，職員と廊下でのすれ違いの時などに，こまめに声をかけて，状況の把握に努めるようにしたい。

③ 校内の死角をなくす工夫

　対応機能をフルに発揮できるように管理室を配置換えする等は，現場では限界があるが，校内の死角を可能な限りなくして安全性を高める次のような工夫がある。

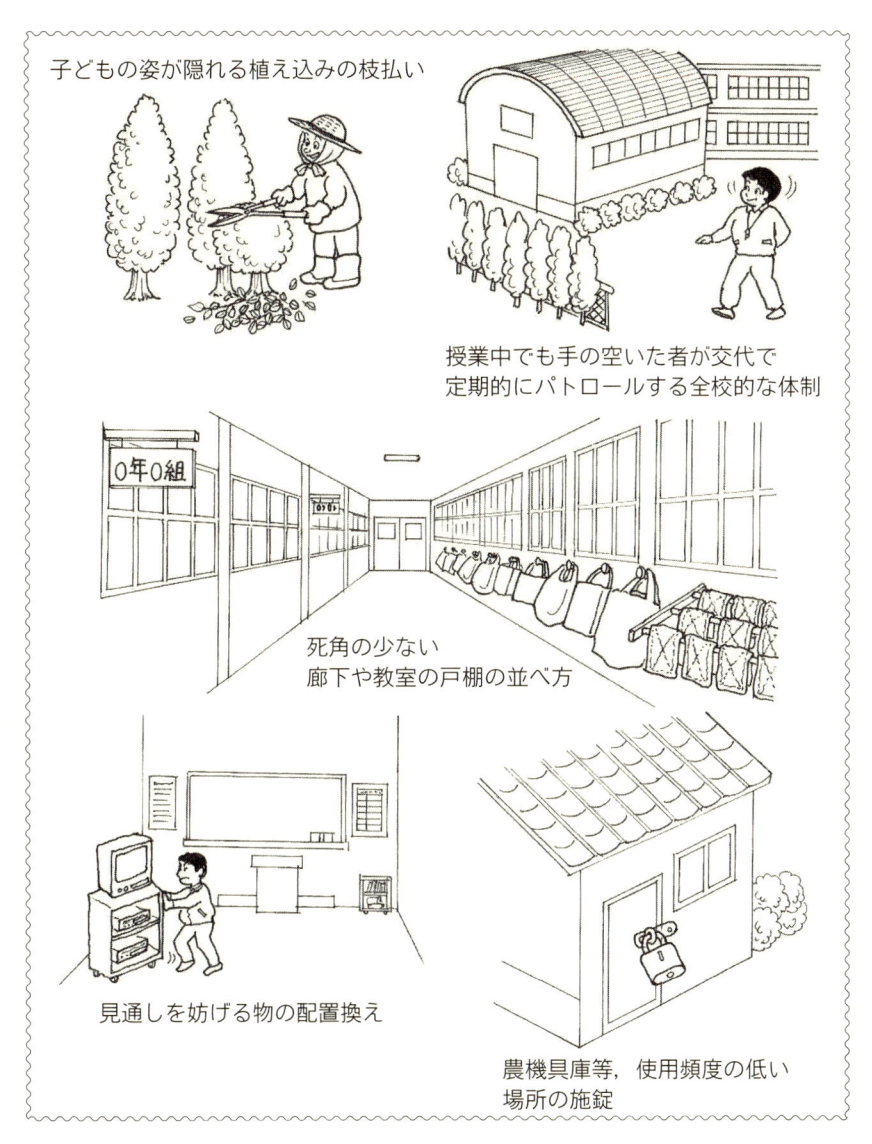

子どもの姿が隠れる植え込みの枝払い

授業中でも手の空いた者が交代で定期的にパトロールする全校的な体制

死角の少ない廊下や教室の戸棚の並べ方

見通しを妨げる物の配置換え

農機具庫等，使用頻度の低い場所の施錠

(3) 緊急時の安全確保対策と担任の役割

　地震，風水害などの天災から，授業中の事故，侵入者による加害，児童・生徒間に発生する暴力事件等，緊急事態に対して即時対応を迫られる場面は様々である。しかし，これへの対応には共通する右のような基本原則というものを，まず全職員が身につけておく必要がある。

> **緊急時対応の基本原則**
> ○子どもの安全確保，生命保全がすべてに優先
> ○その場に即した的確な判断と指示と迅速な対応
> ○正しい情報の迅速な把握と連絡

　学校としては，上の基本原則に則り，それぞれの現場の条件を踏まえて話し合って決められた「全職員での対応マニュアル」を持っている。全職員の共通理解のもとにまとまったマニュアルの中から，「自分のすること」を各自が正確に捉えておくことが次の仕事になる。

① 全職員の役割分担の概略をつかんでおく

　ふだんから全職員の役割の全体像を把握し，状況に応じて協力し，欠落したり，手薄な部署を即座にフォローできるようにしておく。

役割分担（例）

校長・園長・教頭・事務長	総合指揮・関係機関への対応・教育委員会への報告・被害者宅への家庭訪問など
教務主任 地域担当職員	保護者への連絡・ＰＴＡ役員，地区関係者への連絡
学年主任 学級担任	現場よりの避難誘導・人員及び安全確認・保護者への子どもの引き渡し・被害児家庭への訪問
生活指導主任 生徒指導主事	加害者への対応・避難や誘導
養護教諭 保健主事	応急処置・救急車に同乗・校医，医療機関との連絡，調整
事務職員ほか	電話応対・記録

② 事故対応基本マニュアルの理解と体得

　学校現場の様々な種類の事件や事故の発生に当たって，適切に対応できるために「事例別マニュアル」も作られているが，各人としてはまず全職員が共有する「基本マニュアル」の内容と流れを徹底的に身につけることが先決である。それぞれの異なる緊急事態に際しては，これを応用して活用できるようにしておく方が，より確実で実際的である。

　各種緊急事態対応に必須な「基本マニュアル」には，次のようなものが骨子となり，全体として対応の流れが作られている。

1）　事故・事件の発見現場での対応

※発見者はまず状況把握して，即刻被害の拡大を防ぐための行動をとる。

- 被害者・加害者の状況の確認
- 被害者への応急処置，救急車の手配（救急車の手配等は生命最優先の立場から，状況によって発見者が判断して直接対処しなければならない場合がある）
- 他の児童の安全場所への避難，誘導
- 防御行動（この場合も児童の生命保護が最優先される）
- 他の職員への連絡，通報，応援要請

2）　通報を受け学校としての最初の対応

※初動時のスピードアップと的確な対応。

- 複数の応援職員を現場へ急行させ，防御行動，避難誘導等応援
- 警察署，消防署への通報
- 負傷状況と搬送先の病院を保護者へ連絡
- 校長等により教育委員会へ第一報を入れる
- 直ちに教育委員会との連携行動をとる

3）　全職員による対応に移る

※校長の指示を仰ぐ。

- 各部署の校内現状を校長へ報告し，次の対応の指示を仰ぐ
- 現場周辺児童への対応（落ち着かせる，後遺症的なものへの配慮から他の児童を現場から遠ざける等）
- 事故現場保存対策（後の現場検証等のため，ロープ等を張って立入禁止措置をとる等）

4） 事件・事故対策本部が設置される

※組織的な手落ちのない活動展開。

- 報道機関への対応…窓口の一本化
- 情報収集…事件に至った経緯，状況を可能な限り収集する
- 被害者を訪問・見舞い・状況の把握と負傷の処置，見通しの説明
- 事故，事件の全容等を収集した情報を整理，その概要を把握する
- 警察や教育委員会と連携して加害者へ対応する

5） 関係者への状況の説明に入る

※説明者には正確な情報と誠意をこめた対応が欠かせない。

- ＰＴＡ役員等と連携を図り，必要に応じ緊急保護者会を開き説明する
- 必要に応じて報道機関への情報提供，対応…窓口を一本化。個人の軽率な対応は混乱を生む元になることが多いので注意

6） 教育活動の復元準備・事故再発防止対策の策定と実施にかかる

※一刻も早い教育活動の正常化に取り組む。

- 全職員の役割分担に基づいた平常教育活動復元への準備と再発防止のための指導，支援にとりかかる
- 家庭訪問等，きめ細かい子どもたちへの配慮と対応の継続

7） 学校としての公式な報告書作成と提出

- 校長から事故報告書が教育委員会へ提出される

8） 災害共済給付等の請求事務が行われる

- 各種法の規定による給付のための請求書類を作成。必要証明書等を添えて請求し，手早い処理を行う

4 不審者侵入への対応のポイント

1　安全対策指導に対するどのような通達が出ているか

　平成13年，大阪大学附属池田小学校で発生した児童・教職員殺傷事件に続いて，平成15年には京都府宇治市，平成17年には大阪府寝屋川市で不審者が侵入して，児童・生徒や教職員の安全を脅かす事件が発生している。

　文部科学省では，このような事態を重く見て，各都道府県教育委員会に対して，以下のような報告や通知を出した。

- 学校への不審者侵入時の危機管理マニュアル（平成14年）
- 学校施設設備指針（平成15年）
- 学校安全緊急アピール（平成16年）
- 学校安全確保のための施策について（平成17年）

　文部科学省においても，省内に「安全・安心な学校づくりのためのプロジェクトチーム」を設置し，学校安全のための方策の再点検等についての検討を進めてきた。このプロジェクトチームは，第1次報告として，各学校の安全対策再点検のポイントを4点まとめて，平成17年3月，各都道府県教育委員会に通知した。

1．学校への不審者侵入防止のための3段階のチェック体制の確立
2．学校への不審者侵入に備えた取り組み
3．学校，家庭，地域が連携した安全・安心な学校づくり
4．「地域に開かれた学校づくり」と学校安全

現在，これらの通知や報告をもとに，各学校は，不審者侵入に備えた対応策を見直し，具体的で実効性のある対策に取り組んでいる。

2　不審者侵入防止への学校の態勢

(1)　校舎内外の設備と対応

①　校舎外の正門及びその他の門

塀で囲まれた学校には，正門を含めて複数以上の通用門がある。学校敷地内への不審者侵入を防ぐために，原則的には出入り口を正門に限定し，次のような対策を講じる。

登校時

　出入り口を限定して正門を開放する。登校時間中（各学校で登校時間帯を決めておく）は，教職員や地域のボランティアの協力を得て，正門で子どもの安全を守る。

授業中，昼休みや休憩時間

　原則として正門は施錠しておく。

下校時

　出入り口を限定して正門を開放する。下校時間帯は，登校時に比べて長くなるので，交代制をとるなどして，個人にかかる負担の軽減を図りながら地域のボランティアの協力を得る。

その他の門は，原則として，終日施錠しておく。しかし，物資等の搬入のため正門以外の門の開閉が必要な時がある。給食用の物資等の搬入は，使用する通用門を限定し，鍵を事前に渡しておき，搬入業者の責任において門の開閉を依頼しておく。備品等の物品の搬入については，教職員が臨機応変に正門を含めて必要な門を開閉して対応する。

また，ハード面の対策として，来校者を確認するためのインターホンの設置が必要である。学校や地域の状況によっては，侵入監視のためのセンサーや監視カメラの設置も望まれる。

② 校舎内の教室や体育館等

校舎内への不審者の侵入防止については，日常の安全点検を通して，不審者の侵入が不可能な環境を作り出すことである。しかし，教職員の努力にもかかわらず，不審者の侵入で子どもや教職員の安全が脅かされる事件が後を絶たない。

こうした現実を踏まえて，校舎内にも警報装置（防犯ブザー，防犯ベル），防犯監視システム（防犯監視カメラ，モニター），緊急通報機器などの設備を設置しておくことが望まれる。

―――――― 主な設備と設置場所 ――――――

校舎入り口	⇒	監視カメラ
受付付近	⇒	監視カメラ，防犯ブザー
昇降口・廊下・トイレ	⇒	監視カメラ，防犯ブザー
職員室	⇒	監視カメラ用モニター
		校内緊急通報機器
教室・特別教室	⇒	防犯ブザー，インターホン
体育館	⇒	防犯ブザー，インターホン
保健室・事務室	⇒	防犯ブザー，インターホン

これらの防犯設備を設置しておくことは，不審者の侵入を職員室や近くにいる教職員に知らせることができ，子どもの安全確保のための次の行動に役立つ。特に，監視カメラからモニターに映し出される画像を意識的にチェックすることは，不審者の侵入防止に役立つとともに，侵入した不審者への対応もしやすくなる。しかし，学校の規模や教職員の本務を考えると絶え間なくモニターをチェックすることは容易ではない。ボランティアを募り協力を依頼するなどして，画像が流れっぱなしにな

らないような体制を作っておくことが重要である。

(2) 来校者の対応

受付での対応

学校を訪れる来校者には，様々な人がいる。大半は，学校との関係が深く正当な理由があり，子どもに危害を及ぼす心配はない。しかし，中には正当な理由がなく校舎内に立ち入ったり，立ち入ろうとする不審者がいる。

不審者の校舎内への立ち入りを未然に防ぐため，来校者は必ず受付に立ち寄ることを義務付けておくことが重要である。

受付では，来校者にどんな要件かを必ず確認する。

受付での対応の様子

---

① **保護者の場合**，要件を尋ねるとともに次のような質問をする
　　子どもへの要件の場合　➡　子どもの氏名，学年，組
　　職員への要件の場合　　➡　教職員の氏名，担当学年，担当教科
② **学校関係者の場合**　　➡　保護者の場合と同様に
③ **業者の場合**
　　物品の搬入　　　　　　➡　対象教職員の氏名
　　物品の紹介，販売　　　➡　物品の内容と対象教職員の氏名
④ **一般の来校者の場合**　➡　要件の内容と対象教職員の氏名

用件が正当であると確認できれば，次のような手立てを経て校舎内への立ち入りを許可する。

・受付名簿に，氏名・日時・入退時刻・要件を記入する

- 来校者用の名札を着用する
- 校舎の案内図に示された順路に従う

要件の内容が曖昧であったり，質問に答えられない場合や受付を無視して無理に立ち入ろうとする場合には，不審者と見なし，丁寧な言葉で敷地外への退去を説得する。

来校者の要件が正当であっても，次のような場合には，慎重な対応が必要である。

> ○両親の離婚，あるいは別居で親権を失った方の親が，子どもへの面会を求めて来校した場合。
> ○債権者が，保護者との連絡が取れないため，子どもに居場所や連絡方法を尋ねようと来校した場合。
>
> いずれの場合でも，基本的には，子どもとの面会を断るべきである。ただし，親権を失った親の場合は，子どもの意向を確かめたうえで相談室等での面会をさせる。子どもに面会の意向がない場合は，退去してもらう。

(3) 校舎内外のパトロール隊の編成と運営

警察庁に寄せられた報告によると，平成16年度中に，小学校に侵入して子どもの生命・身体に危険を及ぼす恐れのあった事案の発生は19件となっている（警察庁生活安全局ホームページより）。正門等が10件，塀の乗り越えが2件，工事用出入り口が1件という侵入口があげられている。この報告の現実からすれば，出入り口や受付での対応だけでは十分とは言えない。

学校安全パトロール隊の編成

不審者侵入防止に備えた校舎内外のパトロールが必要である。保護者や地域住民からボランティアを募り，学校安全パトロール隊を編成する。

パトロール隊は，教職員を含めて3〜4人一組で編成し，隊員それぞれの生活サイクルを考慮した編成をしておくことが大切である。また，地域に警察OBのスクールサポーターがいれば，隊員の一人になるよう参加を要請しておく。

学校安全パトロール隊員

主なパトロール箇所
○校舎外　・正門を含めたすべての通用門
　　　　　・作業小屋・体育倉庫の周辺
　　　　　・駐車場・駐輪場の周辺
　　　　　・視界をさえぎる樹木の周辺
○校舎内　・昇降口・階段・非常口
　　　　　・体育館・特別教室
　　　　　・図書館・多目的ホール
　　　　　・備品収納室・階段下倉庫
○学校周辺・安全マップに示された危険箇所
　　　　　・公園・更地
　　　　　・不審者情報が寄せられた場所周辺
　　　　　・その他，学校の環境実情に応じた箇所

　パトロールの結果は，巡視ノートに記録し，防止対策が必要な箇所については，学校や関係機関に報告する。

3　不審者侵入への危機管理

　不審者が学校の校庭あるいは校舎内に侵入してきた場合，学校が最優先に考えなければならないことは，侵入者を子どもに近づけさせないこ

とである。現在，各学校には，不審者侵入に備えた危機管理マニュアルが作成されており，様々な場面を想定したシミュレーション研修が行われている。また，警察等の指導を受けながら，防犯訓練の積み重ねにも取り組んでいる。

　一人ひとりの教師は，これらの研修や訓練を通して自らの役割に理解を深め，子どもたちの安全確保と安心維持に努めなければならない。

　そのため，不審者の侵入に備えて，訓練を取り入れた指導のあり方を研究しておくことが大切である。

(1) 不審者侵入時の指導のポイント

① 校舎内

① 校舎内の教室や特別教室等にいる時，不審者侵入の通報が出された場合，居場所を確認後，次のような指導をする。

侵入者が教室から離れている場合

　そのまま教室の出入り口から離れた場所で待機。次の通報を待つ。

教室に近い場合，近づく恐れのある場合

　教室の出入り口付近に机・いす等でバリケードを築く。他の出入り口や窓は施錠し，出入り口から離れた場所で待機。次の通報を待つ。

教師の指示でバリケードを築かせる

教室に侵入しようとした場合，侵入した場合

　教師は，侵入者の移動を牽制しながら，近くの教室への避難を指示し，避難先の教師の指示に従わせる。

② 休憩時間中，校舎内の廊下を歩行中とかトイレを使用中など教室に

いない場合は，先生のいる近くの教室に避難するよう指導しておく。

この場合，子ども自身の判断のもとに行動しなければならない。日常の防犯訓練の中でこうした場面も想定した訓練をしておくことが大切である。特に，トイレの場合，不審者侵入時の役割分担で，その場所を担当する教職員の迅速・的確な指導が必要である。

②　校舎外・体育館

① 　校庭に不審者が進入した場合，教師は，侵入者を牽制しながら移動を阻止し，校庭の安全な場所への避難を指示する。

② 　体育館に不審者が侵入した場合，校庭同様，侵入者を牽制しながら体育館の中央への避難を指示する。

不審者侵入時の指導のポイントとして，日頃からの防犯訓練を通して，教師が指導上配慮しておくこと
- 不審者の侵入経路を把握して避難先を決める
- 子どもがパニック状態にならないよう動揺を極力抑える
- 侵入者を子どもに近づけさせない
- 子どもへの避難指示は，迅速的確に
- 避難の方法は，「お・か・し・も」（押さない，かけない，しゃべらない，戻らない）の徹底を

---

(2)　緊急事件発生時の対応

①　来校者が受付を無視して校舎内に侵入しようとする場合

受付での応対で，退去の説得に応ぜず強引に校舎内に立ち入ろうとする場合は，不審者の侵入と判断し，子どもの安全確保のため，以下のような対応をする。

① 　侵入者を別室に案内隔離し，敷地外への退去を説得。

② 　退去の説得に応じなければ，防犯ブザーで職員室に連絡。

③ 職員室は，校内緊急通報システムで不審者の侵入と居場所を全教職員に周知し，その場での待機を指示。
④ 職員室は，担当者が110番，教育委員会への支援を要請。
⑤ 侵入者が暴力行為に出るようなら，他の教職員の応援を得て，防御用具等で移動を阻止。

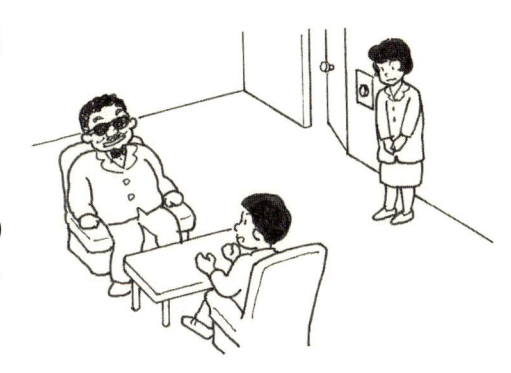

別室で退去を説得する教職員

⑥ 暴力行為による被害を未然に防ぐため，子どもを安全な場所に避難誘導させるよう全教職員に指示。
⑦ 警察の保護逮捕が終了したら，子どもの人員を確認。
⑧ 子ども及び教職員に事態を説明し，子どもの動揺を和らげる。

別室での説得で留意すること
- 複数以上の教職員で対応，一人は防犯ブザーの近くで待機
- 侵入者は机を挟んで奥の方に案内，一定の距離を保持
- 侵入者の挙動，持ち物にはたえず注目
- 暴力行為には，別室からの移動阻止を最優先
- 事態の変化は，直ちに職員室に連絡・報告

---

② **敷地内に知らないうちに侵入していたり，侵入してきた場合**

受付を通らず知らないうちに敷地内に侵入して発見された場合は，不審者侵入による緊急事件発生とし，教職員組織ぐるみの体制で以下のような対応をする。

第1発見者は，
- 携帯用防犯ブザーや笛などで近くの教職員の応援を求める
- 防御用具で，侵入者の移動を阻止

- 子どもに，侵入者から離れて安全な場所へ避難するよう指示

駆けつけた教職員は，
- 第１発見者と発生事態の状況把握
- 職員室へ通報
- 侵入者を防御用具等で取り囲み，移動を阻止
- 子どもを安全な場所に避難誘導
- 負傷者の有無と症状の確認

職員室は，
- 全教職員に不審者侵入事件発生の緊急通報
- 不審者の状況に応じて子どもの避難誘導を指示
- 警察・消防署等へ通報，支援の要請
- 教育委員会へ通報，支援の要請
- ＰＴＡ，近隣の学校（園），町会等へ通報

学級・教科担任は，
- 発見場所によって避難場所への経路を判断
- 子どもの動揺を和らげ，「お・か・し・も」で迅速に避難誘導
- 避難場所で人員の確認
- 携帯電話で保護者へ通報

防御用具で侵入者を取り囲む教職員

侵入者への対応で，学級担任が教室を離れる時は，学年単位で子どもの避難誘導に当たる。

保護者やマスコミ等からの電話による問い合わせは，窓口を一本化して対応する。また，子どもへの取材は拒否する。

4　地域との連携

不審者から子どもの安全を守るためには，学校を中心に，家庭や地域住民，関係機関等が連携を深め，一体となった安全対策の整備をしておくことが重要である。

(1) 保護者や地域住民との連携

① 不審者に関わる情報交換

学校からは，不審者対策として取り組みの実態を学校（学年・学級）便り等で情報提供する。地域住民からは，学校周辺や子どもの生活圏における不審者情報の提供を受ける。

学校安全委員会，学校評議員制度，学級懇談会等を活用して，情報の共有化を図り，不審者対策の共通認識を深める。

② パトロール隊の結成

保護者や地域住民でパトロール隊を結成し，学校周辺ならびに子どもの生活圏のパトロールを強化する。パトロール中は，子どもへの挨拶など「一声運動」を励行する。

③ 子ども110番の家の設置と活用

子どもが，見知らぬ人に誘われたり，付きまとわれて不安を感じた時は，「子ども110番の家」に逃げ込んで助けを求められるよう地域住民の協力を依頼する。

「子ども110番の家」の設置場所は，学区域の安全マップ上に明示しておき，活用しやすいようにしておく。

(2) 警察や消防との連携

① 警察との不審者に関わる情報交換

保護者や地域住民との連携同様，学校周辺ならびに子どもの生活圏内における不審者情報を共有する。警察には，不審者情報に加えて，対応策の具体的な留意事項についても，指導を要請しておく。

② パトロールの強化

通学路を含む学区域や学校や地域住民から指摘された危険箇所のパトロールの強化を依頼する。

③ 学校の教育活動に参加

学校が計画実施する防犯教室・訓練に参加し，不審者からの避難の仕方や，具体的な防御方法の指導を受ける。

④ 協力の要請

不審者の侵入等緊急事態が発生した場合，迅速な保護・逮捕への協力を要請する。

⑤ 「警察便り」への寄稿

学校からの広報に「警察便り」の寄稿を依頼する。

防犯教室でさすまたの扱い方を指導する警察官

⑥ 消防署との連携

消防署へは，応急手当の方法や処置の仕方について，実技指導を要請する。

(3) 医療機関との連携

子どもは，大きな事件に遭遇し，生死に関わるような恐怖を体験すると，精神的衝撃で心に傷を負うことがある。

不審者侵入事件後，ＰＴＳＤ（外傷性ストレス障害）に悩む子どもが現れたら，精神科医，スクールカウンセラーなどの専門家の治療が必要である。

　学校は，こうした事態に備えて，日頃から，教職員研修の場に専門家の講師派遣を依頼し，心に傷を負った子どもへの対応の仕方など指導を受けておくことが大切である。そのため，こうした専門機関との連携を深めておく。

　学校と地域住民の連携を深めるためには，学校の教育活動に保護者や地域住民の積極的な参加を要請することが大切である。不審者からの犯罪被害に備えた防犯訓練等には，保護者や地域住民も一緒になって訓練を受けることが望まれる。

　子どもの安全確保と安心維持は，防犯訓練等に参加し，活動を共にすることによって，地域の子どもは地域が守るという共通認識が深まることになる。

参考資料

1　緊急事態発生時に備えた教職員の役割分担

全体指導	校長・教頭
不審者への対応	第一発見者・侵入場所の近くの教職員
避難誘導・安全確保	学級担任，学年主任
保護者への連絡	学級担任・ＰＴＡ担当職員
応急手当・医療機関等	養護教諭
電話対応	教頭・教務主任・事務職員
安否確認	全体掌握⇒校長・教頭・教務主任 学年・学級⇒学年主任・学級担任

2　教室等に備えておきたい防御用具

・さすまた
・小型消火器
・催涙スプレー
・モップ等の長い杖

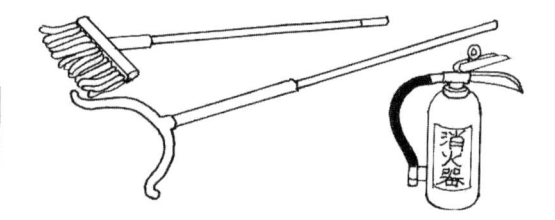

3　連携を図った安全対策例
（文部科学省『学校への「不審者侵入時の危機管理マニュアル」』より）

地域との連携

近所の学校・幼稚園等
- 不審者の情報提供
- 事件・事故発生時のサポート

警察
- 不審者の情報提供
- 要注意箇所の点検
- パトロール
- 防犯教室・防犯訓練
- 不審者の保護・逮捕

消防
- 救急処理
- 病院への搬送

ＰＴＡ（保護者）
- 不審者の情報提供
- パトロール
- 事件・事故発生時における協力

学校
- 危機管理体制の整備
- 事件・事故発生時の安全確保
- 校内の点検・整備
- 安全教育の推進
- 危機意識の啓発

地域の関係団体等
- 不審者の情報提供
- パトロール

医療機関等
- 治療・カウンセリング

地域の住民等
- 不審者の情報提供
- パトロール
- 避難場所の提供

教育委員会
- 危機管理に関する指導・助言
- 情報収集と提供
- スタッフの派遣
- 危機意識の啓発

Ⅱ 学習活動での安全指導

1. 教科学習での指導

1 理科・生活科の学習時の安全指導と事故

(1) 野外観察における事故防止と安全指導

○基本的な考え

　野外観察における学習の目的を子どもたちに十分理解させるとともに，野外での開放感から起こる事故も多いので軽率な行動を慎む指導が必要である。また，学校内の管理下の活動に比べ，予想外の事態が発生しやすい。指導者は不測の事故が発生する危険と隣り合わせであることを自覚し，下見などを十分に行い，現地の状況を把握しておく必要がある。

- 事故発生を防止するためには，現地を必ず下見すること。
- 複数の教員で危機管理のマニュアルを作るなど，安全指導の計画を立てて，どのような点を注意すればよいか，よく検討しておく。

① 交通事故の防止

- 狭い道路は，道路の右端を1列で歩かせ，交通量が多く歩道がない道路は避ける。
- 人の間隔があき，長い列になると指示が通らず指導が徹底しない。（低学年であれば手をつながせるとよい。）

② 歩行時の注意

- コースが危険かどうか，歩行距離，所要時間が適切か，子どもたちの負担になっていないか吟味する。
- 坂道や凸凹道を通る時は，ゆっくり歩かせる。

- 山道に浮き出た木の根は滑るので乗らないように指導する。
- 草むらでは走らせない。草に隠れた石や木の根などにつまずき転ぶ事故も多い。
- 小枝の跳ね返りに注意する。

③ 現地での怪我の防止

- 2人組（バディ）で行動させるとよい。
  - ▶1人が何らかの事故に遭ったら，もう1人が連絡するため。
- 危険箇所の所在，注意を要する動植物の有無を観察に先立ち教師は確認する。
  - ▶指示した行動範囲を厳守させる。
- 活動が始まると体温が上昇し，帽子を脱いだり半袖になったりする児童・生徒がいるので，むやみに服装を変えないよう注意する。
  - ▶事前に手袋やタオルなどの持ち物，用具も確認しておく。
- 休息場所やトイレ，気象の変化に伴う避難箇所や避難方法を確認する。
  - ▶トイレ，安全な休息場所を確保しておく。
  - ▶医療機関の所在や緊急時の連絡方法を確認しておく。

④ 露頭観察時の事故防止

- 露頭で地層を観察する場合は，安全な観察範囲を指定しておく。高い所での活動は滑落する恐れがある。また，土や石を落とすと下にいる者が危険である。
  - ▶崖には近づかせない。
  - ▶崖の付近には必ず指導者が立ち，注意を促すかロープを張って立ち入り禁止にする。
  - ▶落石に注意する。

(2) 危険な動物や虫から身を守る

野外で注意を要する動物では，毒ヘビ，ハチやドクガの幼虫（成虫に

も毒はある）による被害がもっとも多い。ヘビではマムシ，ハチの中ではスズメバチが危険で処置の緊急性が高い。特に攻撃性の高まる秋には注意が必要である。

〈マムシに噛まれたら〉
- 傷口を流水で洗う。
- すぐに病院へ行き適切な処置をする。

〈ヤマカガシに噛まれたら〉
- マムシと同じ処置をする。
- 奥歯で噛まれた時は，毒が回りやすい。一刻も早く救急車を呼ぶ。

〈ハチに刺されたら〉
- ミツバチに指されると，針と毒の袋が皮膚に刺さったまま残るので，毒が余分に送り込まれないよう袋を素早く指先ではじき飛ばし針ごと取り除くことがまず求められる。
- ハチの毒は水に溶けやすいので，刺された箇所をよく洗い抗ヒスタミン軟膏などを塗る。（アンモニア水は効果がない。）
- 刺された場所は熱を持つので，氷か冷水で冷やす。
- もし呼吸困難や湿疹，ジンマシンが出たら直ちに救急車を呼ぶ。
  ▶スズメバチに刺されると体内に抗体がつくられるので，2回目以降にショックを起こす可能性があるので十分注意する。

① **ハチへの対策**
- 黄色や黒色の服や帽子にはハチが寄ってくるので，できるだけ白っぽい服装をさせる。

② **ハチに出会ったら**
- ハチが旋回飛行をしていたら，近くにハチの巣があるので注意する。
- ハチの羽音が聞こえたら，姿勢を低くさせる。
- 急な行動をしない。また大声を出さない。（静かにする。）
- スズメバチは集団での2次攻撃があるので，ゆっくりとその場から子どもたちを避難させる。

オオスズメバチ　**キイロスズメバチ**

スズメバチは5月頃から巣作りを始め、7月頃に働きバチの羽化が始まり数を増やす。10月頃がもっとも数が増え、秋にかけて事故が多い。

〈**ドクガに刺されたら**〉

　毛虫に触れると、たくさんの毒針毛が刺さり痛みやかゆみの症状が出る。もし刺された場合は、直ちに氷で冷やし、かゆみや痛みを和らげる処置をとる。その後すぐに病院に行き、適切な処置をする。

　なお、直接、刺されなくとも、ドクガの通った後を触ると残された毒針毛や分泌物でかゆみを感じる。成虫も毒毛を持っているので注意。

ドクガ（幼虫の体長：約40mm）

ドクガは北海道から九州まで分布している。幼虫の草食は、クリ、サクラ、ウメ、バラなど100種以上もあり、これらの木は人の近くにあるため、接する機会が多い。幼虫は5～6月に現れる。

〈**その他の危険な動物や虫**〉

○**マツカレハ**

　幼虫の体長は約56mmある。全国に分布している。幼虫が草食する樹はアカマツ、クロマツ、ヒマラヤスギなどで、幼虫は4～6月に現れる。特にこの時期、これらの樹に近づく時は十分注意する。

○**イラガ**

　幼虫の体長は約24mm程度ある。生息地は北海道から九州まで。幼虫が見られるのは7～

10月頃まで。幼虫は特に好んでカキ，ナシ，ウメ，クリ，サクラ，クルミなどを草食する。有毒のトゲが全身にあり，刺されると危険。しかし，治りが早いのも特徴。

〇**トビズムカデ**

体長は110〜130㎜。北海道を除く日本各地に分布している。夜行性で，昼間は落ち葉や石の下にいて鋭いあごで噛まれる。

〇**カバキコマチグモ**

メスの体長は約12㎜，オスは10㎜近くある。北海道から九州各地に生息している。ススキの茂る草原に葉を巻いた形で隠れているため，不用意にこれを開けると鋭いあごで噛まれる危険があるので注意。

〇**アオコアブ**

約20㎜程度の体長を持ち，主に本州全土に生息している。人家に近い山林や牧草地帯に多くいる。吸血は昼間が多いが夜間でも被害に遭う場合もある。

〇**ヤマビル**

縮んだ体長は約20㎜程度。湿気を好み，川沿いの山道等に多く生息。吸血に遭うと血が止まりにくいので注意。手で十分圧迫して止血するなど対応を心得ておく。

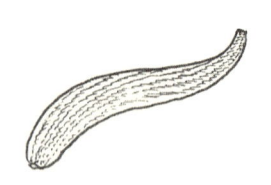

〈かぶれる植物〉
- ウルシ
- ヌルデ

〈トゲのある植物〉
- イラクサ
- ノバラ

〈葉で切れる植物〉
- ササ
- ススキ

〈喘息や花粉症を起こす植物〉
- ブタクサ
- スギ
- ヒノキ

(3) 野外観察時の服装

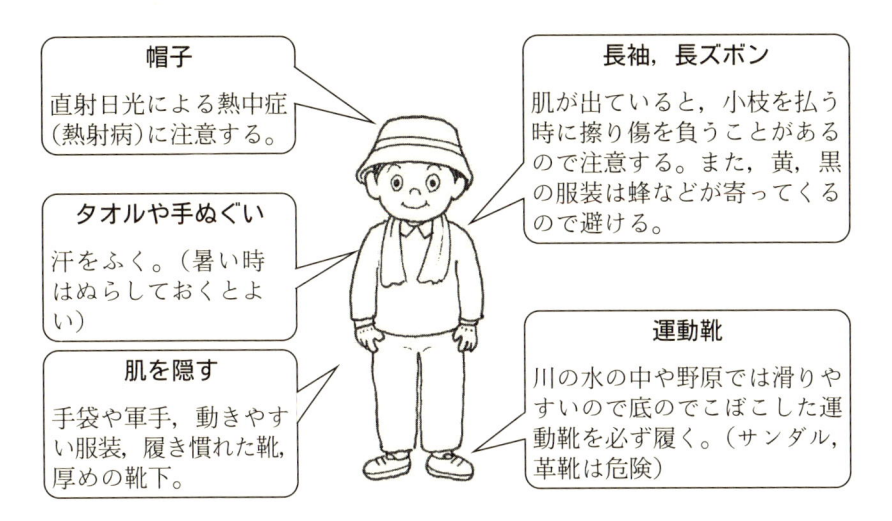

帽子
直射日光による熱中症（熱射病）に注意する。

タオルや手ぬぐい
汗をふく。（暑い時はぬらしておくとよい）

肌を隠す
手袋や軍手、動きやすい服装、履き慣れた靴、厚めの靴下。

長袖，長ズボン
肌が出ていると、小枝を払う時に擦り傷を負うことがあるので注意する。また、黄、黒の服装は蜂などが寄ってくるので避ける。

運動靴
川の水の中や野原では滑りやすいので底のでこぼこした運動靴を必ず履く。（サンダル、革靴は危険）

　観察時の服装は夏場でも、草木による切り傷、転倒時の挫傷、毒虫から肌を守るなどから、動きやすい長袖、長ズボンにする。

2　飼育中の感染や事故の防止

　飼育動物の病気のすべてがヒトに感染するわけではない。しかし、ヒトと動物の間を往来する病原体はヒトを病気にしたり動物を病気にしたりする。動物を触った後は、必ず手洗いやうがいをさせる。また、病気中の子どもが動物を触ることがないようにする。

(1) 主な飼育動物からの感染症

○サルモネラ症
　小鳥やニワトリ、チャボの卵を触った手で直接食べ物を口にすると感染する。
　症状は激しい腹痛と下痢が起きる。（食中毒）

○**ニューカッスル病**

　ジュウシマツやブンチョウの下痢便を触った手で目をこすると感染する。

　症状はウィルスによって起こる急性伝染病で結膜炎を起こす。

○**大腸菌O-157**

　巣の掃除の時，フンが手につきその手で食べ物を食べると感染する。症状は激しい下痢，発熱，頭痛を起こす。

(2) 感染の予防

　「病原体」は，動物の排泄するフンや尿，動物の分泌物（唾液）にある。また，腸炎などの病気はヒトから動物にもうつることがある。以下のことに注意し，被害が大きくならないように配慮する。

- 動物がかわいいからといって，直接口移しで食べ物を与えたり，動物に触れた手で食べ物を食べたりすることは，感染の機会になるので避ける。
- 飼育小屋の清掃等はフンが空気中に舞い，それを吸引しやすいので，清掃時の服装はマスク，手袋，三角巾，長靴などを着用させる。
- 動物の世話をした後は必ず手洗いやうがいをさせる。

(3) 飼育のポイント

- 飼育に使用する器具の日常的な点検を欠かさない。
- 飼育する生物の組み合わせ，水温，卵の管理，餌の確保など，生物のことを考えて飼育する。
- 飼育する動物の取り扱いに十分慣れるように指導する。
- 普段より，飼育日誌をつけ，動物の体調を観察する。

3　理科室の日常的な安全管理

(1)　事故防止の基本

　理科学習中の事故防止のために，①年間指導計画に基づいて毎時間のねらいや学習内容を明確にする，②日常的な理科室環境の整備，③使用する器具や薬品の取り扱い，④事故処理・対応方法の理解，など事故防止の観点に立って安全管理を検討する必要がある。

①　ねらいや学習内容の明確化
- 予備実験は必ず実施する。
- 学習計画にないものや児童・生徒の能力や技能の範囲を超える物については行わせない。
  - ▶気の緩みが事故につながりかねない。実験中の行動規則も必要である。

②　日常的な理科室環境の整備
○給排水・ガス・電気などの整備・点検は使用前後に必ず行う
- 使用しない時は，ガスは元を断っておく。
- 長期間，プラグを差し込んだままにしておいたことが原因の火災発生が増えているので使用しない時は抜いておく。

○活動空間の確保や机や椅子を点検し整備しておく
- 実験中の児童・生徒の間隔が近すぎないようにする。活動の際ぶつかって事故になる恐れがある。
- 机は固定し清潔にしておく。使った後は必ずぬれたぞうきんで机の上をきれいに拭いておく。
- 児童・生徒用机の引き出しは空にする。机は水平であることが大切。
- 椅子は，がたつかない丈夫なものがよい。

○常時，用意しておくもの

- 実験終了後，器具の洗浄や手洗いに利用する石けん，磨き粉，スポンジ，ブラシ等を補充しておく。

③ 使用する器具・薬品等の取り扱い

○器具・薬品の保管方法
- 出入り口の前や戸棚の上には，物を置かない。
- 危険物は，必ず準備室に保管する。
- 薬品庫は転倒しないように必ず金具で固定しておく。
- 器具・薬品の保管場所は一定しておき，数量や薬品の残量は台帳に記載して管理者は常に把握しておく。
- 準備室や薬品庫は施錠しておき，必要な時だけ開錠して使用するようにする。
- 実験に必要な器具を入れた箱を班ごとに用意する。持ち運びにも便利で，すぐに実験に取り掛かれる。

○廃棄物の保管方法
- 実験で使用した不要な薬品を一時保管する容器を確保する。
- マッチの燃えがら，ガラスの割れ物などを一時保管する容器を確保する。
- 分別収集ができるようにごみの種類を区別したごみ箱を用意しておく。

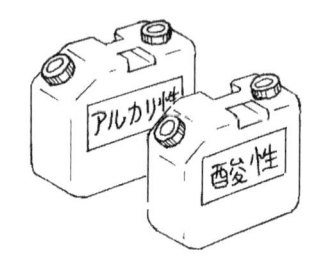

④ 事故処理・対応方法の理解
- 消火器を設置し，場所を明示しておく。（使用期限の確認をする。）
- 砂を入れた消火用バケツは常時2個用意しておく。
  ▶油性物質が燃えた時などに利用する。
- ぬれぞうきんを机の上に準備しておく。
- 毛布や大きな布を1枚，決めた場所に準備しておく。
  ▶アルコールに引火した時に覆いかぶせる。消火用として使用する。
- 実験用具の使い方，洗い方等を示した図を掲示しておく。

郵便はがき

４６０-８７９０

３０３

料金受取人払

名古屋中局
承認

3341

差出有効期間
平成19年12月
31日まで

名古屋市中区
　丸の内三丁目6番27号
　　　（EBSビル八階）

黎 明 書 房 行

購入申込書	●ご注文の書籍はお近くの書店よりお届けいたします。ご希望書店名をご記入の上ご投函ください。（直接小社へご注文の場合は代金引換にてお届けします。送料は200円です。但し、1500円未満のご注文の場合、送料は500円です。お急ぎの場合はFAXで。）

（書名）　　　　　　　　　　（定価）　　　　円　（部数）　　　部

（書名）　　　　　　　　　　（定価）　　　　円　（部数）　　　部

ご氏名　　　　　　　　　　　　　　　TEL.

ご住所　〒

ご指定書店名（必ずご記入下さい。）	取次・番線印	この欄は書店又は小社で記入します。
書店住所		

愛読者カード

〒 ―

今後の出版企画の参考にいたしたく存じます。ご記入のうえご投函くださいますようお願いいたします。図書目録などをお送りいたします。

書名	

1. 本書についてのご感想および出版をご希望される著者とテーマ

※ご記入いただいた個人情報は、当社出版物の企画の参考とさせていただくとともに、ご注文いただいた書籍の配送、お支払い確認等の連絡および当社の刊行物のご案内をお送りするために利用し、その目的以外での利用はいたしません。

※上記のご意見を小社の宣伝物に掲載してもよろしいですか?
　□ はい　　□ 匿名ならよい　　□ いいえ

2. 過去一カ年間に図書目録が届いておりますか?　　　いる　　いない

ふりがな			
ご氏名		年齢	歳
ご職業		（男・女）	

（〒　　　　）
ご住所
電話

ご購入の書店名		ご購読の新聞・雑誌	新聞（　　　　） 雑誌（　　　　）

本書ご購入の動機（番号を○でかこんでください。）
1. 新聞広告を見て（新聞名　　　　）　2. 雑誌広告を見て（雑誌名　　　　）　3. 書評を読んで　4. 人からすすめられて
5. 書店で内容を見て　6. 小社からの案内　7. その他

ご協力ありがとうございました。

▶目につく場所に貼っておく。
- 実験用具や薬品の保管場所に用具・薬品名を表示した名札を貼り付けておく。

```
塩酸 HCℓ 10%
H. 19. 5. 10. 調整
○年担任　使用
```

安全チェックシートを作成し，児童・生徒自らが安全を心がけるようにするとよい。

安全チェックシート例（実験前にチェックしよう）

① つくえの上
　□水　　道……じゃ口から水が出しっぱなしになっていないか。
　□ガ　　ス……元せんがしまっているか。
　□電　　気……電気器具がコンセントにさしこんだままになっていないか。
　□ぞうきん……ぬらしてあるか。
　□もえがら入れ……水が入っているか。
② 流しにあるか
　□せっけん
　□スポンジ
　□ブラシ
③ ごみを分けてすてられるようにごみ箱が用意されているか。
　□もえるごみ用
　□もえないごみ用
　□ガラス用
　□かん電池用
④ 活動スペースにゆとりがあるか。
　□となりの人とぶつからないか。
　□本・ノートをつくえの上に開くことができるか。

(2) 薬品の取り扱い

○薬品のうすめ方

- 児童の実験では，3規定（約10%）のうすい塩酸を使用する。

> 水300mlに市販の濃塩酸（12規定35%）100mlをゆっくり加えていく。濃塩酸を先に入れ後から水を加えていくことは絶対にしない。（発熱して液が飛び散る。）

塩酸のうすめ方

○気体が出る薬品の取り扱い

- 顔の近くで栓を開けたり直接臭いを嗅いだりしない。

> 濃塩酸の栓を開けた時，塩化水素のガスが出る。また，アンモニア水からも刺激臭のあるアンモニアガスが出る。気体を吸いこまないよう気をつける。また，栓を開けた時は，窓を開けるか，換気扇を回す。

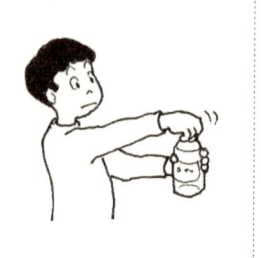

○薬品が体についたり体内に入った場合

- 薬品が誤って手などに付着した時は，すぐに水でよく洗う。その後，様子によっては医師の診察を受ける。
- 薬品が目に入った場合は，目をよく洗浄した後，医師の診察を受けさせる。
- 誤って飲んだ場合は，牛乳などを飲ませ，速やかに医師の診察を受けさせる。

○薬品の加熱実験中の注意

- 水溶液を蒸発させる実験では，水酸化ナトリウム水溶液は絶対に使わない。液が濃くなると極めて危険である。

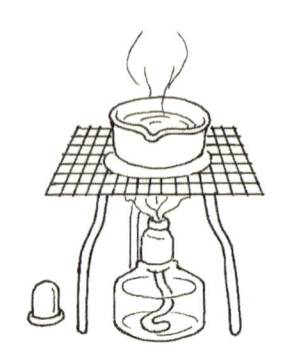

うすい塩酸など気体の溶けた水溶液で行う。
- なお水溶液を蒸発させる時は，絶対に蒸発皿の上へ顔を不用意に近づけたりしないこと。

> 実験中，器具はかなり熱いので，実験後は触らないように注意。熱くなった三脚や金網でやけどをしたり，熱い蒸発皿を洗おうとして冷たい水をかけて割ってしまったりする例がよくあるので，この点の指導が特に大切である。

4　体育学習の中での対策

(1)　事故防止の基本

①　児童への指導の徹底
- 学級指導などの時間を活用して，安全に対する実践的態度を育成する。
- 体育科，保健体育科等の学習を通して安全に対する理解を図る。

②　校内の救急体制の整備
- 事故対応マニュアルを作成し事故発生時の教職員の役割分担や連絡方法を明確にする。事故発生のシミュレーション訓練を行い，周知徹底を図る。

③　児童・生徒の健康観察
- 体育的活動前には児童・生徒の体調を確認するとともに，具合の良い悪いは児童自らが申告するような雰囲気を作る。

ア　施設・用具の正しい扱い方の指導

> ○各運動の特性をよく理解し，使用する施設・設備，並びに器具・用具の扱い方を指導する。
> ○安全な「場づくり」の指導をする。（安全空間の確保）

イ　施設・用具の設置時

○設置・購入時には，複数職員で安全性についてチェックする。
○施設・用具に応じ，安全点検項目や管理者を決める。（メンテナンスの計画を立てる。）

ウ　施設・用具の日常的な管理

○常に保管場所を明確にし，使用札などで，だれが使用しているか明確にする。特に児童・生徒が無断で使用することのないように徹底する。
○運動施設・用具などは，単に体育科・保健体育科担当教員ばかりでなく，校長，副校長等を含めた安全点検の組織を作り，定期的または，必要に応じて巡回点検を実施する。
○管理上問題がある箇所が発見された場合には，速やかに修理，使用制限などの処置をとる。

エ　施設配当とカリキュラムの作成

○体育活動の行われる場所に応じて，実施する適切な学習内容および種目を選ぶ。

(2) 熱中症の予防

　高温下での体育活動によって発生する熱中症の事故は，指導者が適切な予防措置等を講ずれば防止できる事故である。
　指導者は，当日の気温・湿度等の気象状況や児童・生徒の健康状態を十分把握するとともに，適時に運動内容の変更や運動量の軽減などに十分配慮する。
　また，児童・生徒一人ひとりに応じて，適切な休憩時間の確保や水分補給を行う，など，熱中症防止に向けた指導を行う。

① 具体的対策

　熱中症は，気温，湿度，風速，輻射熱（直射日光）などの環境条件が関係している。同じ気温でも湿度が高くなると危険性は高くなるので以下のことに配慮する。

熱中症予防のための運動指針

WBGT	WBGTが用意できないときの指数			
	湿球温度	乾球温度		
31℃以上	27℃以上	35℃以上	運動は原則中止	皮膚温より気温が高くなる。特別の場合以外は運動は中止。
31℃〜28℃	27℃〜24℃	35℃〜31℃	厳重警戒（激しい運動は中止）	熱中症の危険が高い。激しい運動や持久走など，体温が上昇しやすい運動は避ける。 ・水分補給を行う。 ・体力の低い者，暑さに慣れていない者は運動中止。
28℃〜25℃	24℃〜21℃	31℃〜28℃	警戒（積極的に休息）	熱中症の危険が増すので，積極的に休息をとり，水分を補給する。 ・激しい運動は30分おきに休息。
25℃〜21℃	21℃〜18℃	28℃〜24℃	注意（積極的に水分補給）	熱中症による死亡事故が発生する可能性がある。熱中症の兆候に注意。 ・積極的に水を飲むようにする。
21℃まで	18℃まで	24℃まで	ほぼ安全（適宜水分補給）	通常は熱中症の危険は小さいが，マラソンや持久走では発生するので注意。 ・適宜，水分の補給は必要。

ＷＢＧＴ（湿球黒球温度）

屋外：ＷＢＧＴ＝0.7×湿球温度＋0.2×黒球温度＋0.1×乾球温度
屋内：ＷＢＧＴ＝0.7×湿球温度＋0.3×黒球温度

・環境条件の評価はＷＢＧＴが望ましい。
・湿球温度は気温が高いと過小評価される場合もあり，湿球温度を用いる場合には乾球温度も参考にする。
・乾球温度を用いる場合には，湿度に注意。湿度が高ければ，１ランク厳しい環境条件の注意が必要。

『スポーツ活動中の熱中症予防ガイドブック』(財)日本体育協会，平成18年6月，12頁より

○環境条件に応じた運動・休憩・水分補給をさせる。
- こまめに水分は補充させる。
- 暑さには徐々に慣らしていく。
- できるだけ薄着し，直射日光は帽子で避ける。
- 室内や体育館などでも熱中症は報告されている。窓や戸を開け，空気の入れ換えを行い，室内温度の上昇に注意する。
- 肥満体型など暑さに弱い児童・生徒には特に配慮する。

② 応急処置の方法

涼しい場所に運び，足を高くして寝かせ，水分（0.2％の生理食塩水あるいは，スポーツドリンク等）を補給する。
・体内温度を下げるには，冷たい水を飲ませることが効果的である。水筒に氷水などを用意しておくことも大切。（水筒以外に夏場はスポーツドリンクなどを凍らして所持しておくとよい。）
・応急処置後は医療関係に連絡し，医師の診断を受ける。
日本体育協会から出ている「熱中症予防のための運動指針」（前頁）を参考にすると良い。

(3) 水泳訓練中の事故対策と指導

① 管理，指導組織づくり

複数制による，指導者と監視の役割を明確に分け，事前にミーティングを十分に行い，それぞれの役割を確認の上，指導することが大切である。

② 健康管理の徹底

事前に児童・生徒の健康状態を調べ，水泳不適切者や注意を要する者を把握する。
- 水泳学習事前調査。（保護者に学習が始まる前に配布し，必ず回収する。）
- 当日の健康カードのチェック。（体温，食欲，健康状態の記載。）

- 児童健康診断書のチェックや養護教員や保健室からの連絡。

③ 安全と衛生管理の徹底

- プール管理委員会を作り，いつ，だれが，何を行うかについて明確にする。

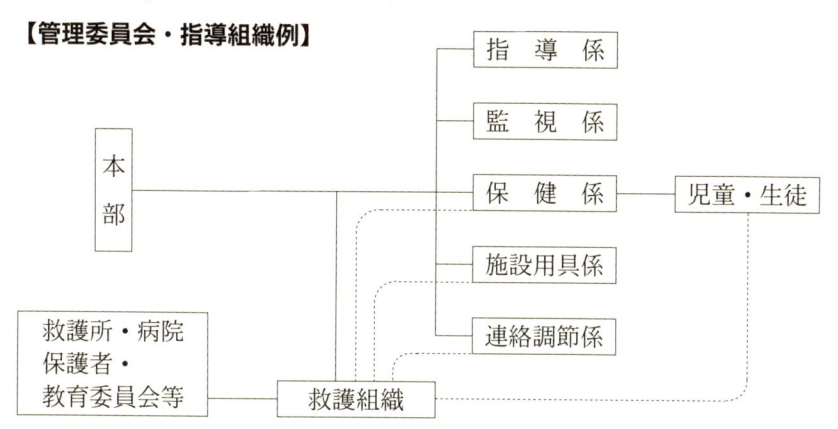

【管理委員会・指導組織例】

```
                    ┌─ 指 導 係
                    │
                    ├─ 監 視 係
                    │
        ┌──────────┼─ 保 健 係 ──── 児童・生徒
   本部 │          │
        │          ├─ 施設用具係
        │          │
        │          └─ 連絡調節係
        │
救護所・病院  │
保護者・     └─ 救護組織
教育委員会等
```

- プールの排水口には格子状の鉄蓋や金網，吸い込み防止金具を設置し，固定の状況を確認する際は，目視による確認だけでなく，触診や打診などを必ず行う。

安全管理のポイント【重要】

チェック項目
☐ ボルト・ネジで，蓋は固定されているか。
☐ 吸い込み防止金具は設置されているか。
☐ 蓋（ボルト・ネジ）は，腐食していないか。構造上の問題はないか。
☐ 排水時（循環中口）に児童・生徒がプールに入って活動していないか。

★参考資料「水泳の事故防止に向けて」（東京都教育局指導部，平成13年3月）

- プールサイドにおける転倒，その他の傷害を防止する上から安全点検を行い，障害物や突起物は除去する。

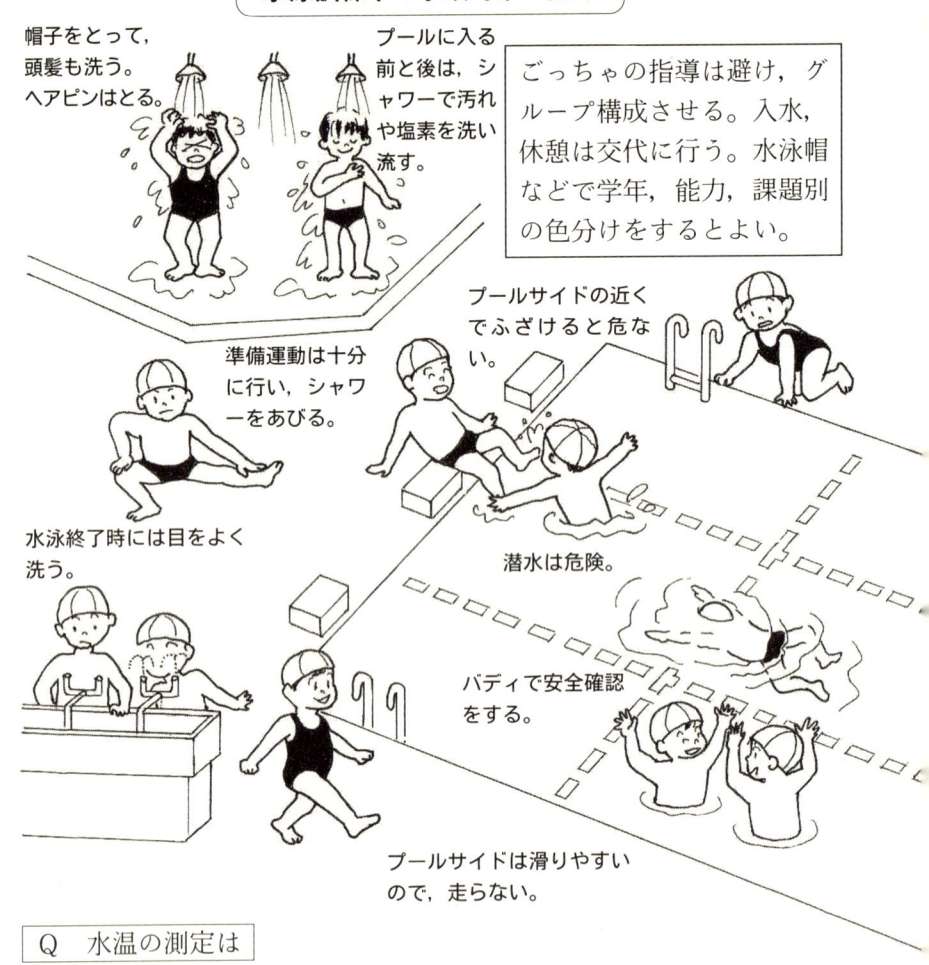

水泳訓練中の事故対策と指導

帽子をとって，頭髪も洗う。ヘアピンはとる。

プールに入る前と後は，シャワーで汚れや塩素を洗い流す。

ごっちゃの指導は避け，グループ構成させる。入水，休憩は交代に行う。水泳帽などで学年，能力，課題別の色分けをするとよい。

準備運動は十分に行い，シャワーをあびる。

プールサイドの近くでふざけると危ない。

水泳終了時には目をよく洗う。

潜水は危険。

バディで安全確認をする。

プールサイドは滑りやすいので，走らない。

Q　水温の測定は

A　水温は25℃。少なくとも23℃以上が望ましい。

		適切な水温
大人	体に障害がある	30℃以上が望ましい
	一般	25℃〜26℃
子ども	体に障害がある	34℃〜37℃
	一般	27℃〜28℃

Ⅱ－1◆教科学習での指導

> Q　グループ構成は
> A　グループ構成は「能力別グループ」「課題別グループ」等の構成が考えられる。

　プールでの事故の内，学年・能力・性別を問わない（ごっちゃの）指導の時に起こる事故が50％と高い。指導する場合は，グループ構成を行い管理することが大切である。

監視者の人数によって変わるが指導者1人は水に入る。（3人以上の指導管理体制を確保。）
・監視者は全体を見わたせる位置にいる。

```
          監視者A●
┌──────────┬──────────┐
│○指導者   ┊          │
│          ┊          ○指導者
└──────────┴──────────┘
監視者B●（Aの反対側から監視）
          ……… は一番深いところ
```

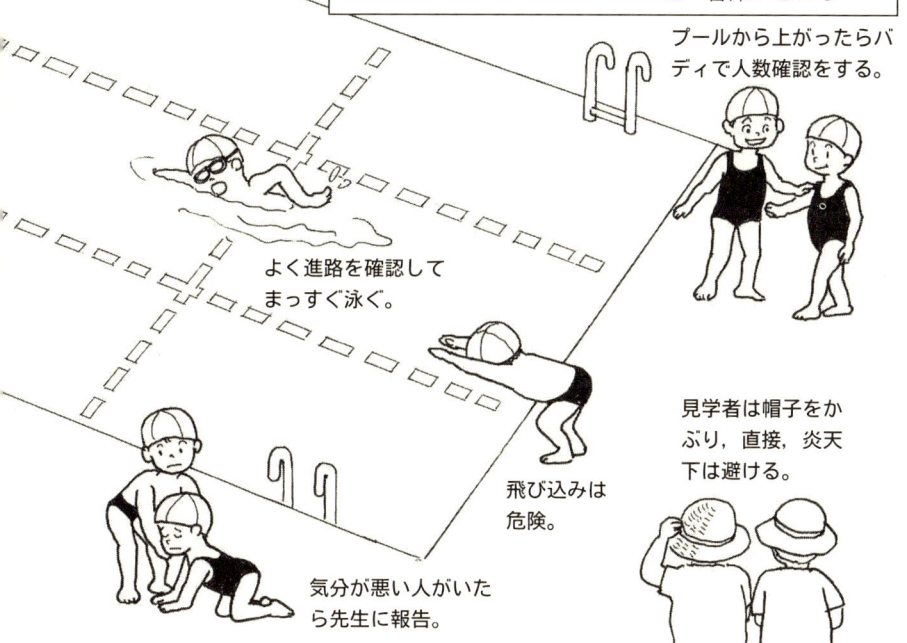

心臓から遠い部分から順に，体に水をかけながら，後ろ向きで静かに水に入る。

よく進路を確認してまっすぐ泳ぐ。

プールから上がったらバディで人数確認をする。

飛び込みは危険。

気分が悪い人がいたら先生に報告。

見学者は帽子をかぶり，直接，炎天下は避ける。

- ガラスの破片，棒きれやヘアピンなどプール内の危険物は必ず取り除く。（児童・生徒の休息時に教師が水中を探索する。）

④　その他
- 安全や衛生に関する注意を書いて，よく目につく場所に掲示する。
- 準備運動を必ず行い，入水前にシャワーを浴び水温に体を慣らしておく。
- 無理のない指導計画を作成し，休息時間を確保する。

○衛生管理のポイント

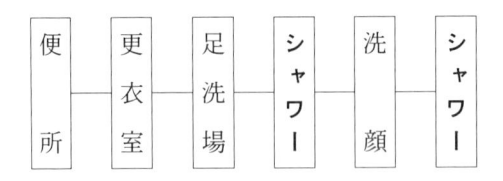

便所	更衣室	足洗場	シャワー	洗顔	シャワー

★清潔に保つために左のような経路で利用する。

5　図画工作学習の中での対策

　小学校では図画工作，中学校では技術・家庭科の指導で，作ることのみに注意が払われ，安全面についての配慮が欠けていると思われる事例が多く発生している。児童・生徒の発達段階を考え，使用する道具類は安全度が高く使いやすいものを選定するとよい。

(1)　機械・工具類の管理

- 使用する機械・工具は，常に点検・修理・調整・補充する。
- 管理場所を決め使用後の整理整頓を心がける。
- 工具箱を作り，工具の移動は安全に行う。
- 使用の前後に機械・工具の点検・整備を行う。また，定期的に点検し，故障があれば修理する。
- 機械・工具をむき出しにせず，ケースにしまうか安全カバーを付ける。（刃物には必ずカバーを付ける。）

(2) 道具・工具の安全指導

○ハンマー，げんのう
①　柄が確実に固定されていることを確認する。（柄がゆるんでいるとげんのうの頭部がはずれて危険。）
②　自分の指を打たないように気をつけさせる。

○のこぎり
木材を使った工作では，のこぎりを使った事故事例が多く報告されている。のこぎりは比較的カッターに比べて，安全であると思われているが，使い方は比較的難しく，日本製ののこぎりは引く時に力を入れるのに対し，欧米製のこぎりは押す時に力を入れる必要がある。

- 小さな木を切る時は木目をよく見て，縦引きか横引きかを理解させ，工作させる。
- 切る板の材質に配慮する。

  > ▶どんな材質の木でも，子どもは簡単に切れると思いこんでいるので，材料の選定については教師側から指導することが重要である。

- 柄が確実に固定されていることを確認する。
- 刃を他の児童・生徒に向けたり振り回したりして遊ばないよう指導する。
- 正確に長さを計って切る場合は固定したあて木の端を利用する。

  > ▶木工万力やクランプで固定させるだけで，簡単で正確に，安全にのこぎりを使用することができる。

○きり
①　両手できりをはさみ，上から下にもむようにして穴を開けるように指導する。（片手で作業させると危険。）
②　穴を開ける物が動くと作業がやりにくく，怪我も多くなる。固定台などを使用し動かないようにするとよい。

③　きりは回しながらぬく。

▶特にぬく時に怪我が多いので注意させる。

○カッターナイフ・彫刻刀・はさみ

　図画工作・美術の授業中における怪我は他の教科と比較しても多く発生している。特に「カッターナイフ」「彫刻刀」「はさみ」による怪我の報告が数多くあるが，これらの怪我は用具の正しい使い方が身についていれば防止できる場合が多い。

　刃物は，正しい持ち方や，正しい切り方が身につくと，安全に作業ができるばかりでなく，効率のよい作業ができるので事前に必ず指導するとよい。

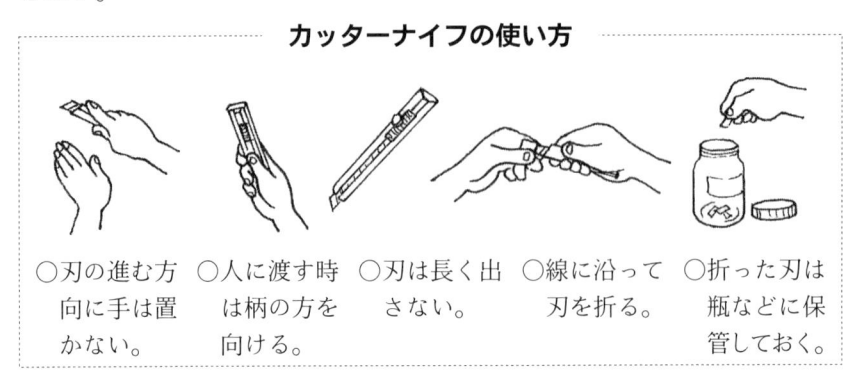

カッターナイフの使い方

○刃の進む方向に手は置かない。　○人に渡す時は柄の方を向ける。　○刃は長く出さない。　○線に沿って刃を折る。　○折った刃は瓶などに保管しておく。

(3)　刃物の管理

　用具の管理は，鍵のかかる戸棚やケースに保管する。また，カッターナイフや彫刻刀，はさみは数を数え，児童・生徒に貸し出しの際，紛失しないように管理しておく。

6　家庭科学習の中での対策

　子どもたちの経験不足は1970年代から問題視され，生活の利便性を追求した商品化や都市化に伴う遊び場の減少，進学競争の激化による仲間

と過ごす時間の減少などが人間関係の貧困化に関係すると警告されていた。

近年では生活用品の商品が個別化され家族の中でも人と人とを結ぶ機会も少なくなってきており，ますます生活経験の伝承の機会を失っている。このような中で，家庭科では器具や道具を使って製作実習をする学習を大切にしたいが，危険がいっぱいであることを学習者自身に自覚させる機会が必要である。

(1) 家庭科として安全指導をどのように考えるか

家庭科では，調理や裁縫などの体験的な学習（実習）をすることが多い。それは，生活のしくみを理解させ，生活自立に必要な技能と知識を習得するためでもある。しかし，実習は，製作するための技能を習得することが目的になる場合だけでなく，製作の原理や材料の選び方，認識の手段，ひいては商品を選択するための手段などを学ぶ，問題解決能力を育成する場面もある。ところが，家庭科の学習は，本来，理論と結びついて進められるはずではあるが，実習中の安全指導に時間が費やされているのが実態である。家庭科のねらいは，家庭生活の中で営まれ経験していたことでも，学校では科学的に学ぶことによって，次の学習や他の教科に生きる力となり，それが，基礎的・基本的な力として身に付き，活用されていくべきものと考えられる。

学校の学び方は，本来，科学的に学ぶこと，友人との学びの交流で視野や経験を豊かにすることであると考え，安全指導についても教師の一方的な注意で終わらず，子どもたちに考えさせ，自ら危険の予知能力を高める指導をしなくてはならない。

(2) 実習室の管理

- 実習に適した採光，通風，換気等を考慮する。
- 整理整頓を心がけ，実習に必要な作業空間を確保する。

- 調理台，ガス台などの安全を点検し，器具は清潔に保つ。
- ガス，電気，水道等の配管（線）に注意し，危険箇所を明示する。

(3) 用具の管理

- 使用する用具等は常に点検，修理，調整，補充を行う。
- 食材の保存や管理について十分留意する。
- 食器類は定期的に点検し，破損やひび割れがあるものは処分する。
- 用具の使用後は手入れと整理整頓を心がける。
- 包丁等の刃物は，常に鍵のかかる安全なところに置く。
- まな板，布巾，たわし等は，細菌による汚染を防ぐため日光消毒や煮沸消毒をして，よく乾燥させる。

(4) 機械・器具の管理

- 定期的及び使用の前後に教師が必ず機械・器具を点検・整備し，不良箇所があれば修理する。
- 自動炊飯器，冷蔵庫，その他電気調理器等の漏電を点検する。
- 器具の使用に当たっては，教員が必ず点検する。
- 衛生的で安定した場所に保管する。

(5) 実習中での事故への対策と指導

事故が起きる時には直接的なきっかけとそれが拡大する場合がある。熱い思いをするきっかけと，そこで驚いて手を離し熱湯がかかるなどである。また自分で事故を起こす場合と人に怪我をさせたり，また人から怪我をさせられる場合がある。

〇刃物による怪我
- 包丁，皮むき器，缶切りなど，調理実習時に用いるもので手を切ることが多いので，事前に安全な使い方を指導しておく。

○包丁の持ち方，切り方

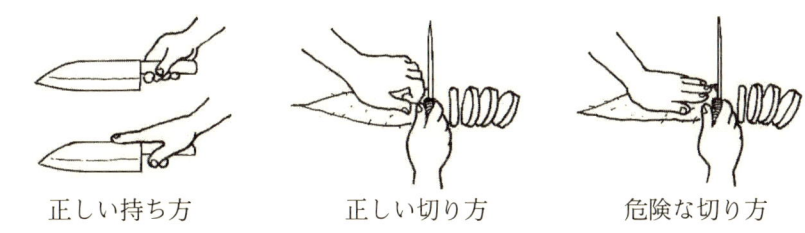

　　正しい持ち方　　　　正しい切り方　　　　危険な切り方

○ガスコンロの使い方
① ガスの元栓を開ける。
▶ガスコンロを使っている時は，窓を開けたり換気扇を回したりして空気の入れ換えをする。
② ガスコンロの上に，鍋やフライパンをのせる。
▶ガタガタ揺れないか確かめる。
③ 点火スイッチを押して，火をつける。
▶火がついているかどうか見て確かめる。
④ レバーを動かして，炎を調節する。
▶火をつけたら火のそばから離れないようにする。

○熱による怪我の例
- 熱いお鍋の取っ手を握る時，濡れ布巾を使って熱が手に伝わり，お鍋から手を離した。
- アイロンをしまう時，熱いまま箱に入れ他の人がそれを知らずに触ってしまった。
- 他人による不可抗力。縫い物や被服整理時に，友人が熱いアイロンを持っていて当たるなどの場合もある。
- フライパンやお鍋を動かす時，ガスをつけたままで，取っ手を握る布巾などに火が燃え移り，あわてて手を離す。

○事故の原因
- ガス器具が家のものと違う。また，実習室の中でも違う機種があり，操作のミスが起きる。

- 針，はさみなど用途によって道具や使い方が違ったりする。（はさみは調理用もある。）
- 危険の予知能力の低下。

　いずれも家庭や日常生活での物や人との関わりの経験不足が原因と考えられる。

2　学校行事での指導

1　遠足，野外教室等，集団活動時の安全指導

　校外活動の事故は，学校内活動の事故に比べると数倍の発生率があると考えて対応する必要がある。現実に事故の発生率は学校内に比べると高いし，事故の被害も大きい。

> **事故を誘発する条件**
> a．場所の不案内・不慣れ……不知・未経験からくる危険
> b．開放感の中の子ども……浮かれ気分・好奇心・はしゃぎ
> c．群衆心理が働く……「みんなの波に巻き込まれて」

(1)　校外学習事前指導のポイント

①　校外学習の目的と場所，当日のスケジュールの理解

　教師も子どもも何となくわかっているつもりで出かけるのは禁物。教師としては参加する子ども一人ひとりが，興味や関心をもって校外学習について理解し，期待を持つような指導を考えねばならない。

- なにをしに行くのか
- どこへ行くのか
- どんなことをするのか

　右のようなカードに，各人が自分で記入して内容を理解，把握するようにする。

> 計画カード○○○○
> 1．行き先
> 2．勉強すること
> 3．することと時間割
> 4．気をつけること

② 実地踏査

　準備段階で最も重要なのは実地踏査である。実地踏査の目的の第一は子どもたちの安全確保でなければならない。何度も行っている場所，学習・活動内容が例年同じだからと手を抜いてはならない。年度が変われば，子どもたちも先生方も変わるし，現地が変化する場合もある。

　安全に考慮しすぎることはないので，実地踏査には新しく赴任してきた職員や，転入後の日の浅い保護者などの協力を得て同行し，新鮮な目で現地を見てもらうような工夫が必要である。実際に現地を歩いて，子どもの行動から考えられる危険箇所，起こりうる事故を予測してみる。それらの実地踏査結果を危険箇所マップにまとめておく。この時，教師の指導，巡視位置等も現場で具体的に検討しておく。

③ **危険箇所についての教師の共通認識を持つ**

　一部の者だけでなく，すべての引率教師が危機管理面での共通理解，共通認識がないと効果はない。

　さらに，万一の場合の対応を考えて，近くの民家を訪ねて状況を把握したり，病院等への具体的な搬送や連絡方法の確認をしたりすることはもちろんである。各担任はこの段階で保護者等への緊急連絡名簿が携帯できるような準備も忘れてはならない。

事故多発の危険箇所

水辺　　　　　落下物の危険　　　　崖

横穴　　　　　　　　　　ぶら下がり

実地踏査のポイント
○経路の確認……乗り物・交通量・道幅・障害物等
○危険箇所の確認……現地
○現地詳細地図……盲点となる場所などのチェック
○近隣建造物や地域の様子……近接する周辺の状況

(2) 当日の指導のポイントと押さえどころ

① まずは「全員集合」

活動の現地に到着したら、気分を落ち着かせ、改めてこの校外学習のねらいを再確認させるために、まず全員を集合させて次のようなことを行う。

- 班ごとにグループメンバーを確認し、把握させ、教師に報告する
- 引率教師の役割分担、いる場所を全児童・生徒にも再確認させておく
- 本日の校外学習のねらいをみんなで再確認させる
- 本日の校外学習の日程と最終集合場所及び注意事項の再確認をする

見やすい場所に置かれた本部と目印

② 教師の所定位置と巡回指導

遠足の現地では子どもは想定外の行動も珍しくない。特に他校の児童・生徒が入り交じったりすると、いろいろなトラブルが起こる率が高くなる。その状況に応じた臨機応変の対応がとられなければならない。

事故や困ったことなど、どの子も即

刻連絡できるように見つけやすい場所に本部を置き，旗や目印を立てて，誰かがその場に常駐する。要所，要所からの携帯電話での連絡法も準備して即刻対応可能にしておく。

こんな事故も起こる（事例１）

　１年生の春の遠足は，Ａ公園での飯ごう炊さんでした。毎年１年生の春の遠足はこの公園と決まっていました。昨年１年生担任の先生が新１年生の担当でしたので，実地踏査は午後の空き時間を使って，管理人との打ち合わせくらいで済ませてしまいました。

　当日昼食終了後の自由時間，河原で子どもたちが川に向かって「水切り」をして遊んでいました。先生方は遅い昼食をとっていました。しばらくして，子どもの一人が走ってきて，Ｂさんの怪我を報告しました。誰かが投げた水切りの石が跳ね返ってきて河原で洗い物をしていたＢさんの目にあたったということでした。

　「救急車を」と思いましたが，来るまでに40分以上かかること，近くの病院はどこかわかりません。「タクシーを」と思いましたが，連絡できません。携帯も電波が通じず，管理人もちょうど見回りで留守でした。結果的に怪我人を病院に運んだのは，２時間後でした。

　結局学校は管理責任を問われ，裁判にまでなってしまったのです。

【ふだんから指導して身に付けさせておきたいこと】

　野外活動などで，教師の目が届かない場所で活動する場合の事故防止に，非常に有効な生活習慣がいくつかある。これらを日常生活の中で身に付けておくと事故の発生や効果的な対応に役立つ。

- 正しく，素早い点呼を習慣化しておこう
　　グループなどで，集合すると数秒の間に人数確認ができるような点呼の工夫や習慣が身に付いていると，何かにつけて有利。
- 列を組んで歩くことができる技能
　　一列，二列という列を作って歩くことのできる技能・習慣を持つ

クラスは効率的で，安全性が高い。

2　宿泊を伴う集団活動の安全指導

　宿泊における安全管理は，遠足等の数倍気を使わねばならないが，それは具体的な手立ての形にまでならなければ意味はない。一人の子どものたった一度の事故で，それまでのどのような熱心な取り組みもすべて帳消しになることを考え，宿泊を伴う集団活動については担当学年はもちろん，学校全体として練り上げた実施マニュアルを持ち，全校組織で取り組む体制を作っておくことが重要になる。

(1) 計画段階での取り組みのポイント

① 宿泊活動計画検討委員会での事前検討をする

a．委員会構成メンバー（例）
　　校長・教頭・担当教務・担当学年担任・養護教諭・ＰＴＡ会長
b．踏査メンバーと踏査日程の確認をする
　　※必ず複数の目で見ることができるような配慮をする
　　※形式的にならぬように十分な踏査時間の設定をする
c．チェック内容・方法の検討をする
　　※宿泊地周辺の危険箇所・要注意箇所の実態把握
　　※宿舎の設備状況と避難路の点検，確認

---スケジュール例---

宿泊スケジュールと職員役割分担

第1日目
7：10　学校集合・朝の点呼・健康観察（担任による）
　　　　担任は15分前に集合
　　　　欠席児童・生徒を○○先生に報告
7：15　○○先生は欠席児童・生徒宅に確認の電話を入れる
7：30　全員出発・参加全職員に参加児童・生徒名簿配布
9：00　トイレ休憩
11：20　宿舎到着・部屋に入り，荷物の整理
12：00　昼食・休憩
13：00　全員集合（宿舎中庭）
以下略

② 活動内容についての検討ポイント

a．活動計画の内容・時間・装備は適切か

（睡眠時間・食事時刻・就寝時刻・適当な休憩時間の設定・危険箇所や危険を伴う活動に対する対応・連絡機器・ロープ・旗・薬品等）

b．要注意児童・生徒への対応体制はできているか

（心身障害児へのフォロー態勢と具体的な対策）

c．児童・生徒の装具と携帯品への配慮はなされているか

（防雨・寒・暑装具，水筒，ザック，着替え，タオル等の用意）

d．要養護児童・生徒への対応のための資料は整っているか

（事前の保護者との連絡・緊急時の対処法・常備薬の使用法等）

e．睡眠時の巡視・観察体制はできているか

（チームを組んでの夜間巡視態勢・トイレへの誘導）

こんな事故も起こる（事例2）

　6年生恒例の日光移動教室は2日目は，3クラス約120人が，約8時間を歩く戦場ヶ原の連なってのハイキングである。8月の太陽に照らされみんなくたびれてはいたが，順調にスケジュールをこなし30分遅れで宿舎に到着した。宿舎では，冷たい牛乳が配られ，牛乳の配布所に群がった。牛乳が一つ残ったが，誰もが気にとめなかった。

　子どもたちが自分たちの部屋に入り，今夜のキャンプファイアーの準備を始める頃になってA君がいないことに気づいた。いつからいなくなったのか誰も知らない。同じクラスのB君の話で最後の休憩場所にいたことが確認された。キャンプファイアーどころではなく先生方全員でA君を探した。もう6時を過ぎ，夕方になっていた。2時間後A君は見つかった。前夜の寝不足と下痢とで，途中隊列を抜け出し，藪の中で用を足している内にはぐれてしまったのであった。何よりも無事だったことが嬉しかった。

(2) 多様な自主的活動への安全対応のポイント

最近は，引率教師の元に，定められた一つの計画に従って全児童・生徒が行動するという伝統的な型の修学旅行は，だんだんと少なくなってきた。小・中学校とも対応できる指導者の数に限度がある学校現場で，子どもたちの希望を可能な限り活かした，バラエティに富む，主体的な活動計画がいろいろと工夫されるが，安全管理面からは次のような点がポイントになる。

① グループ計画の事前検討と確認

見学場所は子どもたちの希望によりグループごとに異なるが，少なくともグループメンバーは常にいっしょに行動し，単独行動は厳禁という取り決めが前提に計画は組まれる。グループごとの行動計画はインターネットや資料，問い合わせ等を十分に活用し，グループの皆で話し合い，決めるが，この段階で教師の指導が十分に加えられなければならない。少しでも不安を感じるような計画は，情に流されず，再検討させる。

完成した計画は，コピーして担任が集め，校外活動の間，常に携帯する。

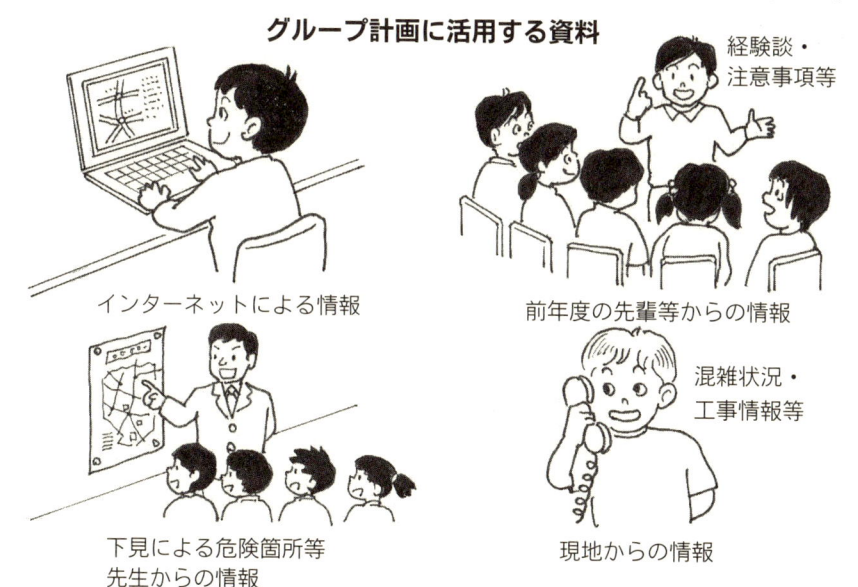

グループ計画に活用する資料

インターネットによる情報

前年度の先輩等からの情報　経験談・注意事項等

下見による危険箇所等先生からの情報

現地からの情報　混雑状況・工事情報等

② 児童・生徒の行動状況のリアルタイムな把握

　引率による一斉同一行動から放たれた子どもたちの刻々の状況把握ができなくては、そもそもこのような計画は成立しない。子どもたちの行動状況、軌跡を、リアルタイムに把握するために、次のような対応がある。

　ａ．各種通信器機の活用

　最近は子どもたちは日常的に携帯電話を使っている。どこからでも、即座に交信できるというメリットは、このような場合に最大限その機能を活用すべきである。グループの代表携帯電話を決めておき、本部とグループ間の連絡に使う。トラブルの発生時はもちろん、見学場所への到着、出発ごとに、宿舎にある本部の電話に連絡を入れる約束をしておくと、本部ではすべてのグループの現在位置、移動方向、現状が把握でき、即座の対応が可能になる。

b．定点に配置された職員による把握

　自主的な見学場所だけでなく，必修見学箇所を何カ所か予め設定しておき，各グループは必ずこの箇所を訪れるように計画を組ませる。

　時間にずれはあっても，全グループが必ずこの定点にやって来るので，予め知らされているこの場所で待機している担当職員に，状況報告をさせる。配置されている担当職員は，子どもの状況を逐一本部に連絡する。

必ず訪れる見学箇所
※着いた時と次の場所に移る時には必ず電話連絡を！

◎東大寺	着	：	～	：	出発
◎春日大社	着	：	～	：	出発
◎興福寺	着	：	～	：	出発
◎平城宮跡	着	：	～	：	出発

　　　連絡先電話　　○○○−○○○−○○○○
　　　　　　　　　　△△△△旅館
　　　　　　　　　　　　××中学修学旅行本部
　　　本部携帯電話　090−○○○○−○○○○

---

c．現地のいろいろな組織の活用

　信頼のできる現地の観光タクシー会社と契約して，タクシーを一定時間借り上げ，各グループに配当して見学に利用するという方法も使われる。経済的な問題もあるが，土地の道路や状況に精通した運転者による案内は，現場での簡単な解説や交通渋滞回避など，見学の効率を高め，不案内の土地での別な諸々の危険が避けられるという安全管理面では大きなメリットがある。

　小型のバスを使い，10数人のグループで同じような対応も可能である。この場合はグループ数が限られてくるので，職員の添乗も可能になり，安全管理面からはさらに望ましい。

⑶ 万全な夜間の事故防止のための指導と対応策

　宿泊を伴う活動では，夜間に多くの問題が発生する。修学旅行先の旅館で，夜中にトイレに行こうとした子が，夢うつつの中で自宅の間取りと勘違いし，窓から転落した事故例もある。環境が変わると予想を超えるハプニングが起こり，事故につながる。

① 事前アンケートと親との個別懇談会を設ける

　全体説明会では，一般的な事例を紹介しながら，教師に知らせておくべきことを親に気づかせ，会の後，一対一の相談時間を設けて，親から必要な対応事項と方法を聞き出す。これは第一級のプライバシーに属することなので，聞き取りや管理は，しっかりした配慮と対策が必要。

　時間制限のある個別相談に臨んで具体的な内容が残らず把握できるように，事前にアンケートを実施して概略をつかんでおきたい。

事前アンケート例

宿泊活動に関するアンケート

☆次のことについて教えてください。（保護者氏名　　　　　　）
- 親と離れて他家へ泊まったことがありますか　　　はい　いいえ
- 夜中に必ずトイレに行くほうですか　　　　　　　はい　いいえ
- 床が変わってもよく眠りますか　　　　　　　　　はい　いいえ
- これまでに「寝ぼけ」のような様子を見せたことがありますか
　　　　　　　　　　　　　　　　　　　　　　　　はい　いいえ
- 寝相は良いほうですか　　　　　　　　　　　　　はい　いいえ
- 夜中に咳や熱などが出ることがありますか　　　　はい　いいえ
- そのほか，家庭で気をつけておられることがありましたらお書きください。　　　　　（　　　　　　　　　　　　　　）

注意　必ず封筒に入れて封をして担任に渡してください。

② 個別相談会でつかんでおきたいこと
- 一人ひとりの子どもについての具体的な対応の方法を親から教わっておく。(トイレに起こす時刻・回数・その際の注意すること等)
- 持病に使用する薬や発作時の具体的対応の仕方など。この情報は後ほど養護教諭はじめ関係指導者と共有するようにする。

③ 職員の夜間巡視組織と対応時の必須条件

夜間子どもの寝所に足を踏み入れ，他の子の眠りを妨げないような配慮のもとに個々の子どもに対応するなど，ふだんは親が行っている業務が付き添いの先生には課せられる。

この場合，これを行う職員はどんな場合でも複数で当たる態勢を組んでおき，決して単独では当たらないことが重要である。この業務を行っている間に起こるどのような行き違いや誤解にも，事実を正確に証明してくれる証言者を持つことは，子どもと職員を誤解から身を守る上で最低限備えておくべき条件になる。

こんな事故も起こる（事例3）

親から夜中にトイレに行かせてくれと頼まれた担任の男性教諭が，チームを組んでいた先生が疲れている様子を見て気の毒に思い，一人で部屋に行って，その子の耳元でそっとささやいて起こそうとしたが，疲れてぐっすり寝込んでしまった子はなかなか目を覚ましてくれない。ほかの子の目を覚まさせてはと教諭は声をひそめて，何度も起こそうとした。たまたま部屋の反対側の隅で寝ていた子が目を覚まし，この様子をじっと見ていた。後日，その子が焼き餅半分に「先生が夜中にあの子に変なことをしているのを見た」と話したのがもとで，その男性教諭は保護者はじめ子どもたちから変な目で見られるようになり，結局教職を退くことになってしまった。

3　体育的行事における安全確保のポイント

(1)　困難な体育での安全確保

①　事故と背中合わせの体育的行事

　本来，人間は自分の能力にあわせて運動するので，スポーツ活動では意外と怪我は少ない。だが，次のような条件が加わると怪我は多くなる。
　a．現在よりも運動能力を向上させることを目標にして運動する時
　b．勝ち負けを競う競技を伴った運動をする時
　これらは共に自分の限界に挑戦する行動なので，必然的に無理が加わる。しかし，体育という教科は現有の運動能力をレベルアップさせることを目標とするものである。何らかの無理をすることで，結果的に子どもの運動能力は向上するし，成就感を持つことができる。現状維持では向上も進歩も望めない。
　つまり，教育活動における体育的行事や体育の授業は，子どもの体育的能力を育てようとするものである以上，怪我や事故を誘発するぎりぎりのところにある。指導者はその本質を認識して，それを踏まえての具体的な危機管理，安全確保が求められる。

②　徹底指導しておきたい体育での安全確保の三原則

| ふざけるな | 気を抜くな | まずストレッチ |

(2) "集団競技"の指導

体育的集団競技では運動能力の個人差は埋没し，集団の競争意識がむき出しになる。そんな中では事故は発生しやすい。そこでの事故が法廷に持ち込まれたりする例が増すと，勢い学校関係者としては，これらを安全なダンスやマスゲームに取り変えたくなる。絶対安全な対策というものがないからという理由で，子どもからこの世界を取り上げてしまってよいだろうか？　多くの教育的な機能，効果を持つスポーツ大会や運動会，全校駅伝大会等多くの体育的行事へは，可能な限りの注意と万全な対応で当たるのが，教育現場の義務であろう。集団競技実施のためには次のような安全管理上の基本的な配慮がある。

激しくぶつかり合う集団競技

① 指導案を立て，安全上の留意点を付記

従来，体育的行事の指導案はあまりないが，安全管理上必須と言える。

体育的行事の指導案作りのポイント

a．種目ごとの指導案を……種目により子どもの動きが異なってくる
　　クラス対抗リレー・ムカデ競走・棒取り競争・騎馬戦
b．子どもたちの活動に焦点を絞った指導案を
　　予想される子どもたちの行動線・合流箇所
c．安全上の留意点を確認……予想される危険
　　衝突・転落・折り重なり・骨折・熱中症・脱水・交通事故
d．運動の苦手な子の動きと具体的な対応策
　　（持病・虚弱体質・身障）
e．学年や学校全体で検討して共通理解へ

② 子どもの中に「運動苦手の子」のフォロー態勢を作っておく

　日頃の体育活動から体育が苦手な子，怪我をしそうな子，落ち着きのない子は把握できる。団体競技の場合は特に集団の目標にみんなが統合されてしまうだけに，苦手な子はつい無理をし，これが事故につながる。練習段階でクラスのみんなが運動苦手な子を排除するのでなく，実態を理解し，弱点をフォローして，みんなとしての最高の力が出せる態勢を組むことが前提課題になる。この体制作りに教育現場における集団対抗競技の教育的な意味があり，事故防止のポイントがある。

③ 練習時の管理分担エリアを持って指導する

　練習段階では，学年や学校全体で取り組むことにより，多くの教師の目を子どもたちに注ぐことができる。この場合，大勢の先生が漫然と立っていたのでは無意味である。練習前に指導のリーダーとなる先生が，子どもの活動ごとに立つ位置や見守るエリアを，事前に計画的に考えて決めておき，みんなで分担することで怪我や事故を未然に防ぐ。

こんな事故も起こる（事例4）

　A中学校秋の体育祭の「大ムカデ競走」は3年生の伝統の行事であり，下級生や保護者からも人気のある団体競技であった。B子が両足を骨折するという事故があったのは本番3日前の練習の熱が最高潮の時だった。全治3カ月という診断であった。保護者からの厳しい訴えがあった。「運動が苦手な子にムカデ競走は非常識」というのが主旨であったが弁護士を連れての学校側との交渉となり，安全面での学校側の体制が焦点となった。受験期ということもあり，保護者は真剣であり，学校側の責任とその学習権の保証を問われた。

　幸い指導案，練習計画，事故対応マニュアル，練習時の職員体制が明確であったため，それ以上もつれることなく決着を見た。しかし，この「大ムカデ競走」の規模は翌年から縮小されることになった。

4 ボランティア活動における安全指導

◇ 落とし穴の多いボランティア活動

　総合的な学習の時間での体験的な活動そして家庭・地域との連携による清掃活動等勤労体験やボランティア活動が各学校で盛んに行われるようになった。豊かな人間関係を作り，社会を知るという意味でも大切にしたい活動だが，これらの活動はまだ新しく，補償など事故対応面では法的にも未整備の部分が多く不安が残る。これらが広がり，発展の可能性のある教育的活動だけに，学校としての事故対応マニュアルを持ち，万全を期して望みたいものである。

① 対人・対物保険には加入しているか

　学習活動時における事故は，学校安全会の通常の保険で対応できるが，校外でのボランティア活動では，多様な事故が想定される。特に高学年や中学生の活動は小グループ活動が多く，先生が常につきっきりというわけにはいかないことも珍しくない。そんな中で周りの人に怪我をさせてしまうとか，活動中に物を壊してしまったなど，場合によっては賠償責任を問われる大きな事故にもつながる。

　本来教育活動として指導過程の中に組み込まれた活動内での事故なら，当然国や地方自治体が責任をとるが，子どもによっては，それから逸脱した行動をとることも想定していなければならない。その場合の対応は内容によって保護者，指導の教師，学校，地方自治体など，いろいろなケースが出てくる。

　学校としては，こんな場合を想定しないで漫然とこれらの活動に子どもを取り組ませると，いったん事故が起こると対応できなくなる。事前に教育委員会などと対応策を練り，学校として取り組むことなどを相談して，このような場合のマニュアルを作っておくべきである。

対応策の中でも必須とされるのは「対人・対物保険の加入」である。これは年間計画の中で，学校として最初から計画的に加入の準備をしておくべきものである。金額や負担方法等は地域によっていろいろとあると思われるが，できれば無制限の保険にしておきたい。保険会社との契約内容等は折に触れ，ＰＴＡや保護者に説明して周知徹底を図り，保護者の協力が必要な場面での協力態勢は確実に作っておく必要がある。

こんな事故も起こる（事例5）

　地域を回っての廃品回収の活動時のことであった。地域，保護者の協力を得て，生徒会を中心とした古新聞，古雑誌，空き缶等を回収し，ボランティア基金を作る活動である。リヤカーに廃品を積み上げ，5人の生徒がそれを学校に回収するために搬送中であった。子どもたちがふざけてリヤカーを押していてリヤカーが蛇行した時，すれ違った乗用車と接触し，車を傷つけてしまったのである。誰にも怪我はなかったが，乗用車の運転手は怒り，車の修理代を要求してきた。かなりの金額であった。

　この学校では，今までこういった事故がなかったので，学校として対人，対物の保険には加入していなかった。管理職は乗用車の持ち主には何度か謝罪に行ったが，許してはもらえなかった。職員間で相談したが，結局お金の出場所がなく，校長のポケットマネーと教職員の好意による寄付で修理代を出さざるをえなかった。

② 全教師による発生事故の予測

　子どもたちを保護すべき義務が課せられている教師は，事故については予見可能性と結果回避可能性の二つの観点から見て，かなり高度な注意義務が要求される傾向にある。

　ボランティア活動は校内と違って場面と活動が多岐にわたるので，事故防止を考える教師側としては，簡単にはいかない。すべての子どもたちの活動内容と活動場所を一つ一つ，丁寧に吟味しながら，予測できる

事故を想定し，シミュレーションしておくことが必要になる。これは一人や二人でできることではなく，学校全体の先生方ができるだけ多く参加し，それぞれの立場から，予測し，検討できる組織を持つことが欠かせない。そして年々これを反省，検討を加えて積み上げていくことにより，子どもの実態を踏まえた，より完成度の高い資料が生み出される。

予測・検討のためのチェックポイント

○子どもたちはどんな場面で，どんな活動をするのか
○今までにどのような事故が起こったのか（各種資料・聞き出し）
○現段階でどんな事故が予測できるか（環境に見られる要注意点）
○事故を起こしそうな子どもと，その事故内容の予測（子どもの性格・行動特性などからの可能性）
○効果的な教師の管理・指導場面はどこか（具体的な対応策を練る）
○一人ひとりの子どもたちの指導内容と指導場面の確認と安全面ポイントを確認する

③ 事故発生時の対応

どんな時に，どこで，どんな事故が発生しても即座に対応できるような態勢と訓練をして，全職員が即座に対応できるようにしておかねば，どんな計画も意味がない。そのためには定期的なシミュレーション訓練や実践訓練が欠かせない。最低次の点は全職員が頭に入れておきたい。

① 情報を入手した職員は現場に急行し，事故の内容を自分の目で把握する。
② 負傷している場合は生命維持の対応をすべてに優先させ対応する。
③ 事故の一報で管理職へ状況報告し，指示を仰ぐ。
④ 学校の事故対応マニュアルに従った組織的な行動に入る。
（※「個人用緊急時対応マニュアルカード」作成資料 p.25参照）

5 健康観察・健康診断等の結果に応じた安全指導

　担任に課せられている注意義務は，日常観察や保護者等からの情報を元に，子どもたち一人ひとりの健康状況をリアルタイムに把握し，対応していかねば果たせることではない。年に一度の校区による健康診断は，貴重な情報を得る機会となる。特に新しく担任した子どもについては，この機会に個人面談や家庭訪問時を絡ませ，一人ひとりの子どもの健康についての話題を取り上げ，必要最低限の情報，例えば大まかな既往症や持病，常用薬等を把握しておきたい。

(1) 「健康連絡カード」と「個人別健康データ」の扱いと生かし方

① 校内健康情報センターの運営

a．「健康連絡カード」と「個人別健康データ」

　日々成長し変化していく子どもに適切に対応できる健康管理・指導には，最も新しい情報の盛り込まれた精密な個人別データが必要で，さらにそれは必要に応じて即座に入手できなくてはならない。この関係の唯一の資料となるものは，備え付けることを義務づけられている「健康診断票」だけである。しかし，これは法定書類なので，内容・管理・保管等に制約があり，手軽に持ち出し，関連情報をメモすることもできないから，担任が日常的な健康，安全指導資料として機能させるには様々な困難が横たわる。

　学校現場としては，戸棚の奥深く厳重に保管されている法定文書とは別に，刻々と変化する子どもの健康状態をリアルタイムに把握でき，必要な情報が蓄積され，しかもコンパクトにまとめられている医師のカルテのようなものを備え，必要時に必要な子の資料を即座に入手できる具体的なシステムを何としても持たねばならない。

b．「個人別健康データ」を備える校内健康情報センター

全校児童・生徒の健康指導はその専門的な技能を持つ養護教諭が中心になってあたる。養護教諭の根城ともなる保健室には，定期健康診断結果や現在までの健康データを打ち込んで作成されている「個人別健康データ」ファイルが常時保管されている。これは常時養護教諭が保管して，担任等が指導の必要に応じて保健室のコンピュータから記載内容を見ることができるようにしておくなど，保健室が校内健康情報センターとしての役割を果たすシステムを組み立てておく必要がある。

c．「個人別健康データ」の内容

「個人別健康データ」には，血液型・入院歴・持病と対応方法・アレルギー・常用薬・緊急連絡先・主治医等，診断や治療，罹病記録だけでなく，これまでの健康管理・指導に関わる情報等，その他必要なあらゆるデータを集約してある。

突発的な事故など，緊急時にはファイルを開いてその子のデータをコピーして，関係者に持たせて病院に搬送することも可能になる。

d．データの作成と扱い

このファイルには，日常の保護者との連絡や124頁の「健康連絡カード」から得た情報のうち，重要なものを残らず加筆しておくと，常にその子の健康についての最新情報が整備されている資料となる。

ただ，このファイルは第一級の個人情報なので，外部に流出することのないように厳しい扱いが要求される。保健室の勤務終了後は校長室などの施錠した金庫に保管し，無断コピーや校外持ち出しは厳禁となる。保管責任者は養護教諭とし，宿泊行事など必要な子どもの資料をコピーなどする場合は，必ず複数の者が立ち会い，決して単独で行わないこと，使用後の書類の処理など，校内での扱いに万全のルールを作って対応することが大事である。

② 保護者との連絡・連携

a．「健康連絡カード」と「カード袋」

　健康管理の上で欠かせないのは，保護者との連携である。それをスムーズにするために，全校児童・生徒に「健康連絡カード」（次頁）と「カード袋」を予め配布し，持たせておく。

b．いつも手元にある「健康連絡カード」

　例としてＡ５版大の上記の記入用カードを示しておいたが，この用紙は必要な場合はいつでも入手できるように印刷して教室に常備しておき，使ってなくなった子には自由に取らせる。低学年の場合，定期的に検査して，袋の中には常に１枚以上の白紙のカードがあるようにする。

　日常的に，学校と家庭それぞれから欠席連絡等，健康管理上の連絡，留意点や要請など，子どもの健康に関する情報の提供や連絡は，すべてこのカードに記入して提出させる。

c．「カード袋」と扱い方

- むき出しの書類は個人情報保護の面から好ましくないので，カードは必ずこの袋に入れて担任または養護教諭へ提出させる。そのための袋である。
- カバンの中に収まる大きさの版のファイルを使い，家庭，学校間を運ぶ時に，第三者に見られることのないように配慮する。
- 子どもの健康についての保護者の意識を高めるために，カード袋には次のような内容を印刷したものを貼付しておく。

- 毎日子どもの体は変わります。家庭と学校と連携をとって，子どもたちの健康を守っていきましょう。
- 欠席の連絡など，お子さんの健康に関することは，「健康連絡カー

Ⅱ−2◆学校行事での指導

健康連絡カード

カードNO.　　年　　組　　児童名 　　　　　年　　月　　日	
保護者名	教師名
連絡事項	連絡事項

※内容は保健室のデータベースに転記します。
※終わったら発信者へ返却します。

ド」に書いて，この袋に入れて学校に届けてください。
- 次のような点はぜひ学校へご連絡ください。
  ① ふだんと何となく様子が違う（だるそう・元気がない・食欲がない・ぼんやりしている・いらいらして落ち着かない等）
  ② そのほか知らせておいたほうが良いと思われること

※言うまでもありませんが，この内容は厳重に管理され，ほかの目的に使用することはありません。
※処理の終わった文章は必ずお返ししますので，家庭で慎重に処理してください。

(2) 健康安全指導のための全校的取り組み態勢の例

健康診断の結果などを活かそうとしても，学校だけでは効果の上がらないもの，生活の本拠である家庭や地域生活を抜きにしては考えられないものも多い。多くの学校現場ではその問題をクリアするため次のような取り組みが見られる。

校内指導態勢を強化する工夫

健康安全指導については，校内の各領域職員はいうまでもなく，教育委員会，保健所等，地域内の医師や各種ボランティア団体も視野に入れた，総合的な活動が望まれる。

★校内定例（月1回）保健委員会
　参加者　　管理職，学年代表教諭，養護教諭，栄養士，（校医）
　内容　　　健康安全指導面での現況分析と対応を協議する。
★校医との連携強化
　養護教諭が日常的に校医と連絡をとる。
　内容：地域の流感の状況や傾向等，いち早い健康安全情報の入手
　全校職員に連絡し，校内の健康指導に反映。

★校医参加の会議の設定

年1度の健康診断の時だけ顔を見る校医でなく，健康管理指導について専門的な分析やアドバイスを受ける機会を確保するため，時刻調整をしたりして短時間の校医参加の会議を計画する。

★養護教諭の参加する会議

学年の職員の打ち合わせ会等にも養護教諭ができるだけ参加する。

★保護者・PTA・地域との連携

★広報紙の発刊

「月刊○○健康新聞」を保健室から発行，学校での健康安全指導面での問題提示，保護者側から見る健康安全に関する情報提供，現在地域の抱える問題点のクローズアップと共通理解への働きかけ。

★地域活動への呼びかけと共同取り組み

★家庭・地域生活・衛生安全環境等の各種団体との協力，実践活動各種のボランティア活動の実行と情報交換。

3 交通安全指導

1 道路，横断歩道，踏み切り等のマナーと訓練

(1) 児童・生徒の交通事故の特徴

① 自宅周辺で多発する小学生の交通事故

小学生は幼児期に比べて学校での活動や自転車の利用など，行動範囲が著しく広がり，また高学年になると保護者から離れて道路において単独でまたは複数で行動する機会が増える。事故は登下校時と放課後に集中しており，自宅から500 m圏内での事故が多く発生している。

② 自転車事故の多い中学生

中学生は，通学の手段として自転車を利用する機会が多く，「一時不停止」「安全不確認」による交通事故が5割以上を占めている。

(2) 交通事故防止の安全指導をどのようにするか

① 身に付けさせておきたい基本的な交通ルール

次のような基本的交通ルール等を，まず徹底して習得させることである。そのためには頭での理解だけでなく，交通安全教室などのワークショップを有効に活用して訓練を重ね，実際の場面で子どもたちが自分で判断し実践できるよう，体で学び取らせることが大切である。

 a．信号及び標識・表示の種類や意味がわかり，その指示に従って通行する。
 b．警察官等の交通整理や指示等に従って通行する。
 c．交通の頻繁な道路では遊ばない等，道路でしてはならないことを

理解する。
d．時間に余裕をもって登校し，危険箇所で留意すべきことがわかる。また遊びに出る場合は保護者に行き先を告げる。
e．歩道または幅の十分な路側帯のない道路では道路の右端を通行する。
f．道路を横断する場合は，横断歩道または信号機のある交差点で横断する。また信号機のない所ではよく見渡せる所を探し，歩道の縁または道路の端に立ち止まって左右の安全を十分に確認して横断する。
g．踏切の手前では必ず立ち止まって左右の安全を確認する。また警報機が鳴っている場合や遮断機が降り始めた踏切には入らない。
h．雨天時には前が見えにくくなるような傘の差し方をしない。
i．道路の状況に応じて危険を予測しこれを回避して安全に通行する。
j．自転車は道路交通法上「車両」であることを自覚し，安全で正しい乗り方をする。
k．交通事故は当事者だけの問題ではないことや，幼児，高齢者及び身体の不自由な人などが困っている場合は支援すること等，交通社会の一員としての自覚を持つ。

〈交通ルール遊び〉　先生が交差点の信号機役を受け持つ

⑶ 効果的な交通安全教育計画のポイント

① 計画的・継続的な指導計画と訓練
発達段階を考慮し、年間を通じて計画的・継続的に実施する。
（交通安全教室の例）
　　低学年……（ねらい）道路の歩き方，横断歩道の渡り方
　　中学年……（ねらい）自転車の乗り方
　　高学年……（ねらい）自動車の制動距離と内輪差の理解

② 子どもの興味をそそる材料と手法の選定
「自動車を用いた死角や内輪差の実験」「ダミー人形を用いた衝突実験」など、視聴覚に訴える教育手法を取り入れると子どもは興味を持ち、教育効果が高まる。また中学生などでは、自分たちで地域の交通状況実態調査等を行わせ、その調査結果を発表させるなど、自主的に道路交通の安全を確保しようとする意識の高まりに配慮する。

③ 保護者との連携作戦
子どもにとって保護者は身近な手本である。保護者の正しい交通安全マナーが、一番の交通安全教育となる。指導者としては、保護者に対して日常生活において子どもへの交通安全教育の働き掛けを要請し、保護者との連携を図るように努める。保護者に対しては次のような具体的な働き掛けが有効である。

　a．保護者会等で交通安全に係るワークショップを体験させる。
　b．通学路等の児童・生徒が頻繁に利用する道路における危険ポイントを示した資料を配る。
　c．通学路周辺の交通事情について子どもとともに歩いて確認し、その上で「交差点や踏切では必ず止まりなさい」等、具体的事例をもとに話し合ってもらう。
　d．子どもと出かける時には「手をしっかり握る」「車が通る側には親が立つ」など、保護者としての注意を促す。

2　通学路の安全確保への取り組み

(1)　通学路の安全確保

①　必要な通学路の指定

「通学路」とは，各学校が児童・生徒の通学の安全確保と，教育的環境維持のために指定している道路をいう。学校や地域からの要望が妥当と判断されて「通学路」の指定がされれば，「通学路標識」などの交通安全施設等の整備や，「一時停止標識」による規則を行うことができるなど，種々の法的な裏打ちを持つ対応をとることができる。

②　通学路の状況を把握する

通学路の実情を把握することから指導は出発する。そのための具体例として次のようなことが行われる。

a．まず学級の中で，同じ地域から通学している児童・生徒同士のグループを作る。

b．グループごとに次の点を話し合い，点検表（地図）に記入する。
- 自宅から学校までの道順と危険箇所について。
- その危険箇所が，危険なわけ（状況）。
- その危険から身を守るためにはどうすればよいか。

c．教師はでき上がった点検表を資料に具体的な対策を探る。
- 各児童・生徒の家庭の位置の確認と通学路の状況を把握する。
- 地域，保護者，関係機関に協力を求め，通学路等の見回りや巡視を行い危険箇所の確認や改善を図る。
- 一方で，学校，地域，保護者間の情報交換を行い，常に最新情報の収集を進める。

③　「通学路安全マップ」の作成

点検表や地域情報を総合して，学区全域の通学路図に危険箇所，安全

施設や対応策までが一目でわかるように記入されたものが,「通学路安全マップ」である。これは一般に公開することによって,地域の危険箇所をより多くの人が認識し,絶大な交通安全効果を上げる。

(2) 「通学路安全マップ」作成方法

① 点検表をもとにして

通学路の状況把握のために記入した点検表をもとに,グループ（5～7人くらいがよい）で地域を調査する。

役割例

担　当	役　割
班長	みんなの行動をまとめるリーダー
副班長	班長の仕事を手助けするサブリーダー
点検表係	調査地点のポイントを,点検表へ書き込む
インタビュー係	地域の人たちへ質問をしメモをとる
写真係	調査地点の撮影をする

② 調査項目を決める

交差点,T字路,駐車場の入り口,放置自転車や路上駐車が多い道,街路灯が少ない場所,事故が多い場所など,通学路の安全上問題となるチェックポイントを決める。

③ 地域に出る（フィールドワーク）

実際に調査対象場所を見て確認したら写真を撮り,その場所と様子を点検表に書き込む。なお,写真は人の顔や家の中などが写らないように注意する。またフィールドワークでは「通学路安全調査」等書かれた腕章等をつけるとよい。

④ いよいよ作成

大判の模造紙等を用意し,道路や建物を描き,撮影してきた写真を貼る（表札や車のナンバープレートは消すようにする）。最後に吹き出し

などを使い,「なぜそこが危険なのか」を書く。

⑤ 発表会をする

「通学路安全マップ」が完成したら発表会を開き,共通理解を図る。自治会など地域の人たちも招待して,住民全体の交通安全意識が高められるようにするとよい。

⑥ 活用方法を考え,改正を加える

作成して終わりとするのではなく,作成したマップを掲示板に掲示したり,縮小して配布したりするなどの活用方法を考え,さらに定期的にマップを見直して改正を加えるよう心がける。

このような「通学路安全マップ」作成のために通学路の危険箇所のチェックは,安全な通学方法を探すためである。グループで通学路を点検することで,ふだんから,危険から身を守るにはどのようにしたらよいかという「危険回避能力」を自然に身に付けることができる。

児童・生徒が自分自身で「危険な場所をみつける目」を養っておくことは,通学だけでなく他の場面でも危機管理のできる「応用力」を育てることができる。

3 自転車通学での安全確保

(1) 自転車利用者として心得ておかねばならないこと

① 自転車はクルマと同じ

自転車は遊び道具ではなく,道路交通法上,自転車は自動車と同じ車両の一種であること,したがってクルマと同じようにいろいろ守らねばならない交通の規則が決められていることをまず理解させる。

自転車の交通の規則やマナーを知らない者は,年齢に関わりなく自転車を使う資格のないことを理解させる。

② 自転車を走らせてはいけない場合

次のような場合は自転車を使ってはいけないことを理解させる。
- ブレーキが故障している場合
- 夜間に尾灯及び反射器材が付いていない場合
- 自転車が乗る人の体格に合っていない場合
- 警告ベルやハンドル固定など必要な整備がなされていない場合

③　乗る前に必ず点検整備しておくポイント

①サドル……固定具合及び高さや位置はどうか
②ハンドル……固定具合はどうか
③ペダル……傾き，固定具合はどうか
④ブレーキ……前・後輪の利き具合はどうか
⑤チェーン……張り具合はどうか
⑥タイヤ……空気圧はどうか
⑦警音器……作動具合はどうか
⑧尾灯，反射器材
⑨その他……キー・変速装置の作動具合はどうか・ＴＳマークの期限等

④　決められている自転車が通行できる場所

- 自転車は原則として車道の左端に沿って通行しなければならない
- 車歩道の区別のない道路では路側帯を通行すること

- 通行可を示す標識のある歩道を通行することができる
- 交差点等の自転車横断帯のある所では自転車横断帯を通る

⑤ 走行上の注意

ａ．交差点，踏切の手前等で車両等の前に割り込んだり，これらの間を縫って前に出たりしてはならない。

ｂ．並進，ジグザグ運転，競争等をしてはならない，また夜間等には前照灯をつけなければならない。

ｃ．側方や後方の車両等の動きに十分注意しながら通行する。

ｄ．徐行しなければならないところでは徐行する。

ｅ．二人，三人乗り運転をしてはならない。

ｆ．傘を差しながら，携帯で話しながらの片手運転をしてはならない。

⑥ 交差点の通行の仕方

ａ．交差点の通行

　信号機のある交差点においては，信号機の信号に従って通行し，また信号機のない交差点においては，一時停止をして安全を確認しなければならない。さらに交差点またはその付近に自転車横断帯がある場合は，その自転車横断帯を通行しなければならない。

ｂ．右左折の仕方

右左折の方法及び合図を理解する。

〈右折〉　　　　　　　　　　　　　〈左折〉

方法１　　　　　方法２　　　　　左手を左に伸ばしてもよい

⑦ 歩行者及び障害者等への配慮

　最優先は歩行者ということをわからせる。歩行者用道路では徐行しなければならないことを理解させ，幼児または児童が独り歩きしている場合，もしくは高齢者または身体の不自由な人が歩いている場合は，危険のないように一時停止し，または徐行する。

⑧ 自転車を駐車する場合の注意

　歩行者及び他の車両等の通行を妨げないよう，駐輪場に置く。

(2) 自転車通学の安全確保

① 保護者及び地域との連携

　家庭へ子どもとともに通学路を点検するよう促し，交通ルールやマナーの遵守，体格に合った自転車選びや点検の実施など，協力を求める。またPTAや警察などの協力のもと，安全パトロールを行う。

② 自転車通学者の把握と事前指導

　自転車通学希望者には事前に自転車通学願を届け出させ，承認する形でその実態を把握する。さらに操作技能や交通ルール，ヘルメットの着用などについて指導する場を設ける。

③ 個人別自転車通学危険回避

　自転車事故の最多のものは脇道からの一時停止しないでの飛び出しである。これが荒天時等にはなお増加する。

　危険を事前に回避するために，自転車通学の子ども一人ひとりに，基本的な対応についてのマニュアルを作成させておく。例えば，「幼い子どもがよく飛び出してくる場所」「車が侵入してくるのが直前になるまで見えない場所」「出合い頭の衝突が起こりやすい場所」等を具体的に取り出して，それぞれの場所に「必ず一時停止」「出口の反対側に自転車を寄せて通る」等の，危険を予測して安全通行のための通学ハンドノートを作って持たせ，個々に事前指導する。

4　交通事故が発生した時のその対応と処置

(1)　交通事故が発生した場合の対応と措置

　交通事故はいつ起こるかわからないものである。日頃から事故防止のための安全指導を計画的に行っておくことが学校の責任としてまず大切である。また各学校においては，地球環境や児童・生徒の実態等を考慮して，発生し得る交通事故を想定した対応マニュアルを作成する。

①　校内で事故連絡を受けた場合

　校長の指示のもと複数の教員で現場に行き，関係機関とも協力して事故内容の正確な把握と情報の収集に努める（場合によっては救助活動や関係機関への通報等も必要となる）。その上で学校へ連絡，教員間で情報を共有する。校長は教育委員会に連絡し連携をとるとともに，保護者，地域に情報発信する。また校内にいる児童・生徒への対応を適切に行う。

②　事故現場に居合わせた場合

　まず被害者の救助を最優先し，状況を正確に把握して消防・警察・学校長へ連絡し指示を仰ぐ。校外学習等の場合は必ず複数教員で引率しているはずである。被害者に付き添う者と，残った児童・生徒を把握する者に役割を分担し，協力して対処する。この場合は何より現場での判断が大切になるので，ふだんから心がけておく必要がある。

③　児童・生徒自身が交通事故に遭った場合

　現場に居合わせた人に助けを求めること，交通事故に遭ったことを保護者または警察に知らせるために，自分の氏名及び連絡先を現場に居合わせた人に伝えること，外傷がなくても頭部等に強い衝撃を受けた場合は，医師の診断を受ける等，基本的な措置について指導しておく。

④　児童・生徒が事故現場に居合わせた場合

　周りの人に助けを求めること，関係諸機関に通報することができるよ

うにすること等，事故への対応要領を指導しておく。

⑤ **事後対応**

状況，情報を整理し，校長を中心に対応すべき事項を決め，教育委員会と十分連携をとりながらきめ細かに対応を進める。学校は保護者や地域住民に対して説明の義務がある。しかしその際被害を受けた児童・生徒や保護者に対しては特に親身になり，プライバシーなどの情報管理に十分配慮しなければならない。特に文書で伝える際には，誤解を招くことのないよう表現上の注意が必要である。

(2) 交通事故対応マニュアルの作成

① 事故対応のためのチェックリスト（例）

□校内交通安全管理体制は確立しているか？
　（指揮系統，役割分担，訓練計画等）
□日常の通学路安全点検は月1回以上行われているか？
□通学路安全点検に，児童・生徒や保護者等から意見を集約しているか？
□通学路安全点検の結果をもとに，速やかな安全指導や改善が行われているか？
□児童・生徒への交通安全指導が，発達段階に即して行われているか？
□児童・生徒への交通安全指導の内容を，計画的に保護者や地域に伝えているか？
□事故への対応訓練を計画的に実施しているか？
□実施した対応訓練をもとに，改善を図っているか？
□関係機関・地域と連携を図っているか？
□対応マニュアルの作成や改善を図っているか？　etc.

② 事故対応チャート（例）

事故発生に対応して，今，自分がどこの立場にあるのかが一目でつかめて，何をすればよいのかが示されている下のような図が作られ，職員室など見やすいところに掲示しておくと，慌てず確認して適切で無駄のない動きがとれるというメリットがある。

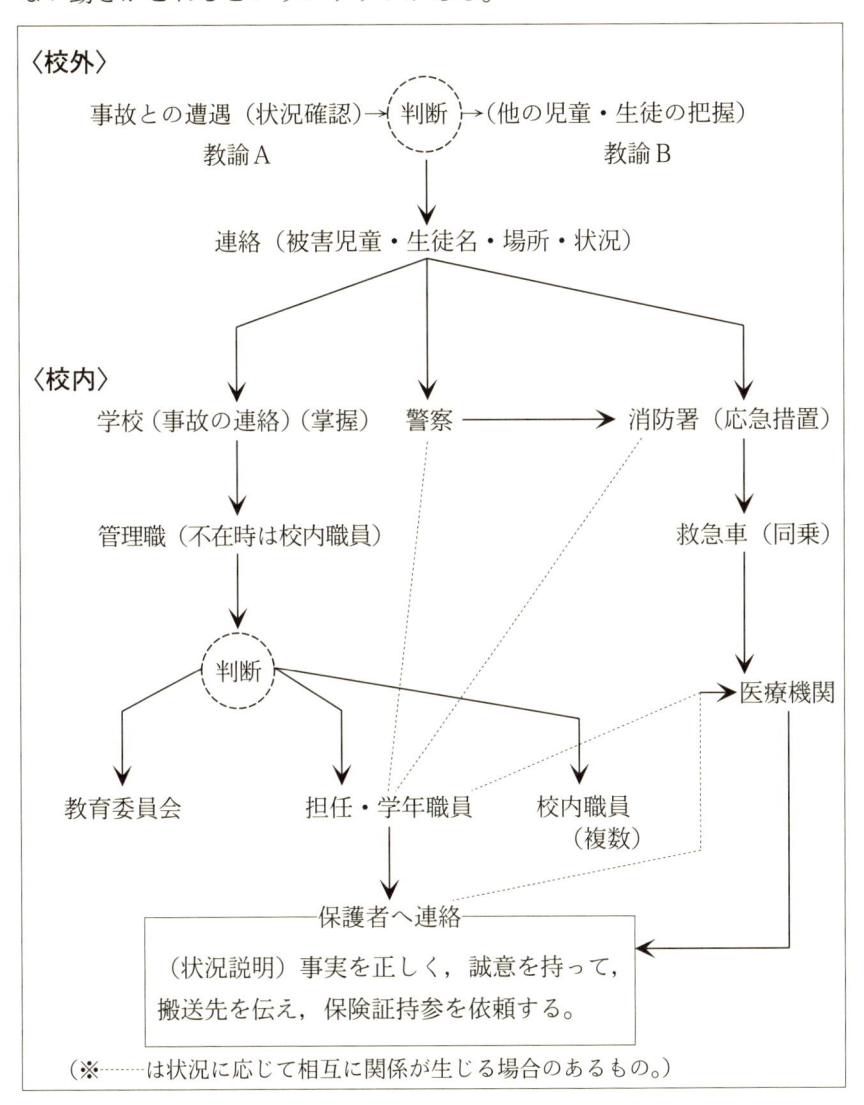

〈校外〉

事故との遭遇（状況確認）→ 判断 →（他の児童・生徒の把握）
　　教諭A　　　　　　　　　　　　　　　教諭B
　　　　　　　　　　↓
　　　　連絡（被害児童・生徒名・場所・状況）

〈校内〉

学校（事故の連絡）（掌握）　警察 ────→ 消防署（応急措置）
　　↓　　　　　　　　　　　　　　　　　　　　　↓
管理職（不在時は校内職員）　　　　　　　　救急車（同乗）
　　↓　　　　　　　　　　　　　　　　　　　　　↓
　　判断　　　　　　　　　　　　　　　　　→ 医療機関
　↓　　↓　　　　↓
教育委員会　担任・学年職員　校内職員
　　　　　　　　　　　　　　　（複数）
　　　　　　　　↓
　　　　保護者へ連絡 ←────────────
　（状況説明）事実を正しく，誠意を持って，
　搬送先を伝え，保険証持参を依頼する。

（※……は状況に応じて相互に関係が生じる場合のあるもの。）

4 災害から身を守る指導

1 地震災害から子どもの身を守る対応と指導

　学級担任が取り組む災害から身を守る指導は，即実践的な行動が伴っている。

　災害発生時を想定した場合，日頃の避難訓練から得た状況判断と指示，子どもたちの掌握と行動がいのちを守ることになる。

　ここでは，大地震発生を中心に例示するが，台風等を想定した他の自然災害についても関連づけながら適応できるようにしたい。

　さらに，学級担任は，学校のある地域及び地区状況や子どもたちの発達段階・実態を十分考慮し，自校の防災体制を熟知した実践的な行動を取る指導が大切になる。

(1) 授集中に地震が発生した時の担任の対応のポイント

　大地震発生と同時に教室は，大きく揺れ，不気味な音や叫び声に包まれる。やがて子どもたちを襲ってくる恐怖感・不安感・孤立感。

予想される子どもたちの状況
○騒然とする子どもたち ○激しく泣き叫ぶ子・大声をあげ逃げ出す子・ガタガタと震え座り込む子・先生にかけよりしがみつく子・その場から動けなくなる子・硬直する子 ○落下物やガラスの破壊で怪我をする子

① 教室での対応の流れ
a．発生初期の揺れからいのちを守る

> 1．落下物等から身を守るため机の下に潜らせる。

体を丸くしてしっかりと机の左右・斜めの脚を持たせる。（机はそのまま揺れ動く。）

⇩

> 2．防災頭巾や防災ヘルメットで頭部を守らせる。

机の下に潜らせる行動と同時に防災頭巾や防災ヘルメットを着用させる。着用できない場合は，頭部を体に向かって丸め込むことやランドセル等で守らせる。

⇩

> 3．常に子どもたちを大きな声で指示し，励まし続ける。

子どもたちは，襲ってくる恐怖感や不安・孤立感の状態にいる。この子どもたちを掌握し，次の避難行動をとるためには，担任の声かけしかない。

⇩

> 4．火気消火確認・教室出入り口の十分な安全確保を図る。

冬季におけるストーブ等の火気については，耐震制御となっているが，消火確認をする必要がある。ストーブ破損による灯油等の流出にも注意する。出入り口の確保については，戸をしっかり開きいつでも避難行動が取れるようにする。また，子どもたちをできるだけ窓際や倒壊物，落下のおそれのある物から離すようにする。

○特別教室等での対応

| 安全な場所に子どもたちを集め避難する。 |

理科室での対応
- 実験中の薬品・器具や薬品庫・戸棚に細心の注意。
- 発火・爆発・薬品混入による有毒ガス発生・ガス流出等も想定される。
- 危険な物から子どもたちを遠ざけ，身の安全確保を図らせる。

家庭科室での対応
- 実習中の火気・湯・刃物・アイロンに細心の注意。
- 火気や熱湯・アイロン等によるやけどから身を守るように子どもたちを遠ざけ身の安全確保を図らせる。
- 食器戸棚の倒壊にも要注意。

音楽室・図工室・図書室等での対応
- 大型教具・書架とその本・図工室の刃物等に細心の注意。
- 大型の倒壊物や書籍等の落下物のおそれのある物から素早く逃げ身の安全確保を図らせる。
- 準備室についても要注意。

体育館・校庭・プールでの対応
- 体育館では，壁面から離れ，中央に集め腰を下ろさせる。
- 校庭では，校舎壁面から離れ中央付近に集める。校庭に活断層が走る場合があり，要注意。
- プールでは，水を避け，校庭等広い場所へ避難させる。

便所・廊下・階段での対応
- 便所の扉が開かなくなる場合があるので要注意。
- 廊下や階段の移動中では，壁等の剥離落下や照明器具・備品・ガラス破損等に注意し，身の安全確保をすばやく図れる場所に誘導し避難させる。

Ⅱ−4 ◆災害から身を守る指導

b．初期激震期が納まってから避難誘導態勢に入る

初期激震期が納まっても余震は続く。さらに子どもたちを襲ってくる恐怖感や不安感。

身の周辺は，おびただしい落下物や散乱する備品，倒壊する壁等，余震とともに広がる被害。

余震とともに予想される子どもたちの状況

○立って歩くことができなくなる子
○先生にしがみつき放さない子
○大声をあげ，走りまわったり，逃げ出す子
○嘔吐・排尿・目まいの子
○怪我や体調不良を訴える子

1．屋外への脱出・避難誘導へ向かう。

避難誘導の留意点
- いくつかの避難経路の確保
- おさない・かけださない・しゃべらない・もどらないの徹底

ア．子どもたちの状況を把握し，校内指示によって，屋外へ脱出するように避難誘導の態勢に入る。

イ．おびえる子どもたちに向かってたえず大きな声で励まし続ける。携帯メガホンや笛の活用も有効。

ウ．避難誘導のため，出口の安全確保を図る。教室の出入り口の扉の倒壊やガラスの破損，梁やレールの破損等に注意して，子どもたちが安全に通れる状態を作る。

2．隣接する学級や他学年との連携した避難誘導が重要となる。

例えば4学級編成の学年であった場合，1組と2組，3組と4組を2人の担任で誘導し，後2人の担任は，先頭と最後尾にまわり，全体や他学年の避難状況を把握しながら子どもたちを安全に，できるだけ早く避

難させるようにする。

　先頭に立つ担任は，避難経路確保の状況判断も重要になる。最後尾につく担任は，逃げ遅れそうになる子どもの保護や避難経路を緊急に変えなければならなくなった場合等のとっさの対応が重要となる。

　避難誘導の体制は，子どもたちの日常を知る同じ学年で編成されることが望ましいが，そうでない場合，他学年と隣接する学級で編成し，避難訓練を図っておくようにしたい。

② 　屋外に設置される第1次避難場所での対応

　通常，第1次避難場所は，校庭の中央付近に設置されるが，雨天等の場合，安全確認の後，体育館になる場合もある。

担任の行動と対応	第1次避難場所の設置
1．子ども一人ひとりの安全確認を直ちに行う。（人員点呼） 2．緊急避難本部へ避難状況を正確に報告する。 3．未確認児童がいたら，その状況を報告する。 4．急患・怪我の子どもがいたら，本部指示によって救護班に誘導する。 5．子どもたちの保護は学年体制で当たり，何人かの担任は本部指示（捜索・救護）の行動をとる。	◇現場での子どもたちの避難確認と緊急捜索・救援を目的に，校庭等の安全な場所に設置される。 ◇緊急避難本部による指示と救護対策を中心に行動が開始される。

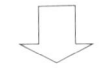

本部指示
◇未確認児童の捜索指示 ◇急患・怪我等の救護指示 ◇第2次避難場所（通常地域防災拠点施設）への誘導指示

(2) 担任がそばにいない時の対応のポイント

　地震はリアルタイムで発生する。このため，子どもたちの避難行動は，担任や他の教師による授業中だけにとどまらない。子どもたちの班別学習活動や休息・休憩時間，給食準備の時間，放課後の校庭，登下校の時間等々，地震発生と同時に子ども自らが身の安全確保を図ることになる。

　訓練では，周辺の倒壊物から，「素早く身を守る判断と安全な場所に逃げ」，身をかがめ，頭部を守りながら，地震の揺れが納まるまで待機（約3分間）する指導を実際に行う必要がある。

① 地震発生時の全校規模の対応策例
ａ．校舎内では
　　ア．教室にいる時は，とっさに机の下に潜る。
　　イ．トイレの中にいる時，ドアが開かなくなったら大声で助けを呼ぶ。
　　ウ．昇降口にいたら，靴入れ等の倒壊や掲示板等の落下から身を守るため，素早く離れる。
　　エ．廊下や階段にいたら，近くの教室に入り，机の下に潜る。
　　オ．体育館では，ピアノや体育用具，壁面から離れ，中央に集まり，腰を下ろす。

ｂ．屋外では
　　ア．裏庭や校舎の周辺にいたら，塀の倒壊や壁の剥離，ガラス窓の落下等から身を守るため，素早くその近くから離れる。
　　イ．校庭にいたら，中央や第1次避難場所に向かって集まる。
　　ウ．池や校庭の遊具，飼育舎付近にいた時も，校庭の中央や第1次

避難場所に向かって集まる。
　　エ．登下校の時は，学校の校庭に避難する，公園や広い空き地に避難する等，通学路の安全マップにそった訓練によって避難する。
② **対応の全校的な流れ**

| 1．緊急放送を使い，身の安全を図る指示を繰り返し出す。 |

校舎内・屋外の具体的な場所別に指示を出し続ける。

⇩

| 2．教職員の役割分担によって，子どもたちを掌握する。 |

　緊急放送と同時に，あらかじめ作られている役割分担によって子どもたちを掌握し，身の安全確保を図るように大声で指示を出す。緊急放送が使えない場合を想定した訓練も必要になる。次のような方法が例示される。
　　a．学年・学級単位での行動が基本。
　　b．何人かは校庭から，何人かは校舎階層別に，何人かは体育館や屋外周辺から，避難指示を携帯メガホンで出す。
　　c．教職員の防災ヘルメットを常備し，必ず着用する。

⇩

| 3．初期の揺れが収まると直ちに第1次避難場所に誘導する。 |

　　a．子ども一人ひとりの人員点呼によって避難確認をする。
　　b．未確認児童がいたら，本部指示で捜索を複数で行う。
　　c．救護班による急患・怪我の子どもたちの対応を急ぐ。
　　d．本部指示で，第2次避難場所へ誘導する。

(3) **第2次避難場所での担任の対応**

　第2次避難場所は，地域防災拠点となっている場合が多い。さらに学

Ⅱ−4 ◆災害から身を守る指導

校が活用され，住民の避難場所ともなっている。
　ここでは，第2次避難場所での担任の取るべき対応について例示しておきたい。また，子どもたちの状況把握の視点も例示した。

担任の対応

1. 子どもたちの安全確認をつぶさに行う。
　　この場合，個々の防災への対応を記録した「個人緊急防災カード」を活用し，心身の状況を把握する。
2. 子どもたちの実情を学校本部に報告し救護が必要な場合等の指示を受ける。
3. 本部指示によって，家庭・保護者との連絡体制に入る。
   - いつ・どこに・だれと（学年等）・避難（入院）しているかの連絡。
   - 引き取り困難な場合は，子どもたちの保護体制に入ることを連絡する。
   - 引き取り確認は家庭との共通認識による。また，長時間保護の場合の連絡方法も確認しておく。

第2次避難場所の設置

◇第2次避難場所は行政や地域自主防災組織の支援活動の拠点とその役割を目的に設置されている場合が多い。
◇学校と家庭・地域連携による支援活動が開始される。
◇地域防災拠点でない場合，安全確保ができる場所に学校独自で第2次避難場所を設置する場合もある。例えば，長時間にわたって安全確保ができれば，自校の体育館等に設置する。

◇児童の安全確認・状況把握の指示。
◇救護を必要とする子どもへの対応指示。
◇家庭・保護者への連絡と引き取り開始の指示・保護児童の把握と保護体制の指示。

> **地震災害時における状況把握と正確な情報の共通確認**
>
> （個人情報保護法適用・管理体制を確実にする）
> ○地震災害発生に伴う通学路の安全確認
> ○遠距離通学者の交通機関利用等の安全確認
> ○放課後，他の施設利用者の利用状況
> ○医療機関・保健室・学校給食からの健康安全上の配慮事項
> ○心身の発育等，特別支援教育からの配慮事項
> ○保護者事情に対応する児童保護（長時間等）に関する配慮事項
> ○各家庭の災害時における指定避難場所の確認等避難に関する配慮事項
> ○親戚・知人・保護者指定病院等必要とする連絡先の確認
> ○例えば「確認カード」（確認カードを渡して，引き取る）による家庭・保護者の引き取りの状況
> ○その他，個々の家庭・保護者との申し合わせ事項

(4) 事後対応のポイント

　地震災害発生後，日数の経過とともに，地域や地区の被害状況が明確になってくる。

　人的な被害や建造物等の物的な被害状況の正確な調査は，被害対策を立て支援活動を図る上で重要であり，常に継続されていくことになる。

> 1．被災家族の実態把握と子どもたちへの対応。

　担任は，家庭訪問計画を立て，子どもたちや家庭の被災状況を継続的に把握する。

　家庭によっては，長期にわたる疎開が考えられ，疎開先の受け入れ学校との連絡・調整を図る場合もある。

> 2．被災状況の把握を含め，情報活動は極めて重要になる。

　情報活動は，正確な情報を，責任をもって，迅速に，より学校や地域・地区に密着して行う必要がある。

　また，被災情報には，個人情報が多く含まれるため，その管理についても保管場所を含めて責任をもって行う必要がある。

> 3．子どもへの支援活動の推進を図る。

a．子どもたちの状況に対応する
　ア．子どもたちの安否・消息状況の追跡調査や心の相談を含めた巡回訪問による対策
　イ．教育相談窓口の新たな開設
　ウ．家庭・保護者との詳細な連絡相談
　エ．保護者会開催と仮登校日へ向けての準備

b．被害の修復状況に対応する
　ア．使用可能な教室の確保
　イ．学校給食再開計画やライフラインの復旧状況と教育活動再開への準備
　ウ．水質検査等保健衛生面の対策
　エ．教科書や学用品の確保

c．近隣学校との提携を図る
　ア．教育活動再開に向けて，近隣学校と提携した活動をする
　イ．自校が使えない場合，近隣学校での活動も考えられる
　ウ．この場合，通学経路の変更も含めて十分な準備をする

情報活動に使える 5W1Hの応用

①WHEN　いつ（時間）
②WHERE　どこで（場所）
③WHO　だれが（主体）
④WHAT　何を（対象）
⑤WHY　なぜ（原因・理由・目的）
⑥HOW　どのように（方法）

2　津波・風水害から子どもたちの身を守る担任の対応と指導

(1)　事前の対応のポイント

①　津波から身を守る対策

　津波は，地震発生に伴って，その直後に襲ってくる。

　地震による被害がなくても，津波は起こる。

　　a．担任は津波に関する基礎知識を十分把握する。
　　b．これを子どもたちの安全指導に活かしていく。
　　c．近隣に地域防災センター等の機関があれば，子どもたちの学習活動も含め，見学する。
　　d．特に，校外学習で海岸線や河口付近等に子どもたちを引率する場合の安全指導では津波から身を守る対策が必要不可欠となる。
　　e　海岸線や河口付近で学習活動を行う場合の下検分では，津波に対していかに迅速で正確，確実な緊急避難行動がと

自然災害豆知識
―これが津波だ！―

◇津波の発生は，海底の隆起や沈降に起因する。

◇このことによって，海水の上下運動が起こり，波が四方に伝わる。

◇波の高さは，水深が浅くなるに従って高くなる。

　　沖合1mでも岸では数十倍の高さで陸上に打ち上げられる。

◇津波の速度は，深海ほど速く，太平洋では，ジェット機の速さに匹敵し，海岸でも毎秒10mとなる。

◇津波は1回だけでなく，繰り返し襲ってくる。

れるかを現地で確認する必要がある。現地における海抜表示場や津波に対する注意・指示板等も参考にする。

II－4◆災害から身を守る指導

② 台風・豪雨で予想される災害と予防対策

地球温暖化現象等に伴う近年の異常気象から風水害・雪害が多発している。特に台風の発生や集中豪雨による地域被害が連続して起こっている傾向に注意したい。

a．強風による被害予想と予防対策

台風の勢力は，常に気象庁から発表される。

これによって，被害予想を立てることができる。強風によって人が立っていられなくなることや家屋や樹木・電柱等が倒壊する勢力に台風は発展する。

また，竜巻が発生する場合がある。

いずれにおいても，安全な場所で身を守る避難行動が大切になる。

子どもたちの登下校への対策を予め作り，家庭との共通理解を図っておく必要がある。

b．土石流による災害予想と予防対策

台風や集中豪雨によって，土石流が発生する場合がある。

これは，山や川の土砂が大雨等によって大量かつ急激に押し流される現象をいう。

自然災害豆知識
―台風と豪雨―

◇台風は，低気圧が熱帯海上で発生し，北西太平洋上で発達しながら，やがて中心付近の最大風速が秒速，約17m（風力8）となる現象をいう。

◇その勢力は次第に発達する。

◇台風の動きは，上空の風の流れで動き，地球の自転の影響を受けて，北に向かう性質がある。

◇低緯度では，西に流されながら北上する。高緯度では，強い偏西風に乗り速度を速めながら北東に進む。これが通常の経路で，日本列島はこの経路に入る。

◇台風のエネルギーは，移動することによって，海面や陸上との摩擦から消滅の方向をたどるが，その勢力は強烈である。

◇強風・豪雨・雷が伴い常に災害が起こる。

特にこの現象は，山間部や都市部を問わず発生する。

子どもたちの通学路や学校の地形を予め調査し，地域・地区の安全マップに危険区域を記載しておくことも大切になる。

また，土石流や地滑り・崖崩れの発生するメカニズムについて子どもたちの安全指導に取り入れることも災害から身を守る予防対策となる。

c．地滑りによる災害予想と予防対策

地下水等の影響で，土塊が斜面を大きく広く滑り出す現象をいう。

地下水の走る地形を予め調査し，安全マップに記載しておき，大雨が降り続くような場合には注意が必要になる。

> **自然災害豆知識**
> ―土砂災害危険信号―
>
> ◇**土石流**―山鳴りがする。雨が降り続いているが，水位は上がらず下降傾向にある。濁流水に木が混在している。
>
> ◇**地滑り**―地面のひび割れが起こっている。沢や井戸水が濁っている。水が斜面から吹き出している。
>
> ◇**崖崩れ**―小石の落下が続いている。崖に亀裂が走っている。濁水が流れ出ている。擁壁の膨張やひび割れが起こっている。

d．崖崩れによる災害予想と予防対策

大雨が続く時や地震等で地盤が緩み，突然，速い速度で急傾斜地が崩れ落ちる現象をいう。

子どもたちの通学路や学校のある地形を調査し，崖に面した場所を安全マップに記載しておき，日常の安全指導に活かすようにする。

e．増水・浸水による災害予想と予防対策

集中豪雨による河川等の増水は急激である。このため，地域・地区情報に密着した情報を取り続け，登下校時・課業中・放課後，地域・地区状況，遠距離通学者にわたって，適時の避難行動を判断する必要がある。学校のある地形等の立地条件から河川の氾濫や浸水を予想した模擬避難訓練を行うことも考えておきたい。

f．落雷による災害予想と予防対策

雷の発生する気象条件が揃えば落雷は，いつでも・どこでも・季節を問わず起こることをまず知っておきたい。

その予防対策は，次のような点に注意して具体的に指導する。

- ア．雷は，建造物の表面や中心物を多く流れる。

    家屋の軒下や柱等の周辺を避けるようにする。

    屋内でも，テレビ・照明器具・換気扇等から最低1m以上離れるようにする。

    高い建造物・構造物の先端だけでなく途中に落雷することもある。

- イ．雷は，表皮効果によって樹木の幹側を流れる。

    高い樹木の幹周辺に避難することは危険。少なくても幹・枝・葉から最低2m以上離れる。

- ウ．雷は，車や電車では車体がアースとなって地上に流れる。

    このため，落雷に対して車・電車内は安全。

- エ．雷は，高く，尖った物を直撃しやすい。

    例えば傘の尖った部分を直撃し，人体に電流が流れる場合がある。

- オ．雷は絶縁体とは無関係に流れる。

自然災害豆知識
―雷発生3条件―

◇上昇気流や風等，空気の移動速度が速いこと。

◇空気中に多量の水蒸気が含まれていること。

◇空気が概ね－10℃～－20℃であること。

- 空気中に上昇気流が発生すると，ひょうやあられ等が雲の中で相互に作用し合う。
- 雲の上方に＋荷電がたまる。下方に－荷電がたまる。
- 雲の発達に伴い荷電が多くなると両荷電が引き合い空中放電（ショート）する。これが雷である。雲と地上間での放電を落雷という。稲光・雷鳴が起こる。

長靴・ゴムカッパ等を身に付けているから安全とはいえない。
　カ．雷は，人体を伝わって流れる。
　　地面に伏していると落雷を避けることはできるが，落雷位置によっては，人体を電流が伝わり，さらに一緒にいる他の人も被害を受ける場合がある。
　キ．雷は，身体の表面に出ている金属を襲う。
　　身辺金属品は，それが表面に出ていない限り，雷とは無関係であるが，野球の金属バット，表面に出ている金属には落雷する。

③　安全確保の事前対応のポイント

a．学級児童・生徒宅の立地条件の把握と具体的な災害予想

　子どもたちが住む地域・地区の防災に関わる調査は重要になる。
　概ね次のような調査項目があげられる。
　ア．地域・地区の道路事情と通学路
　イ．子どもたちの住居の地理・地形
　ウ．地域・地区の交通事情
　エ．地域・地区の建築物や建造物
　オ．地域・地区の施設・設備状況
　カ．空き地や指定避難場所周辺の状況
　こうした調査項目によって，それぞれ予想される災害を検討しておく必要がある。
　例えば，子どもたちの通学区域が湾岸や河川に面していれば地震・津波への対策が必要となる。また，斜面地や急勾配のある坂道では，大雨による土砂災害等から身を守る対策が必要になる。

b．災害時の家庭との連絡方法の確立と確認

次の項目にわたって，保護者会等で子どもたちの災害時の保護と連絡方法を共通理解し明確にしておく必要がある。

ア．保護者への緊急連絡先
イ．連絡方法の共通理解
ウ．学校で長時間の保護体制に入った場合の連絡体制
エ．当該児童と兄弟・姉妹の通学先
オ．学校保護から引き取り者の氏名・続柄
カ．引き取り方法の確認
キ．長時間にわたる児童保護の避難場所と連絡窓口
ク．保護者指定病院

---

(2) 災害に襲われた時の対応のポイント

① 避難・防護活動

1．学校での子どもたちの安全確保と保護の徹底

特に集中豪雨の場合，1時間の雨量が20mm以上続く場合は要注意となる。

バケツをひっくりかえしたような激しい雨や，さらに滝のように降る非常に激しい雨。息苦しくなるような威圧感・恐怖感のある猛烈な雨になる場合がある。

こうした雨が降り続くと河川の氾濫による浸水や土砂災害・マンホールからの噴水・大規模災害への拡大等が懸念される。

また，激しい落雷が起こることも懸念される。このため，子どもたちを学校で完全に保護することが必要不可欠となる。

⇩

2．学校が浸水した場合の緊急避難行動と安全確保の徹底

　水かさは，刻々変化し増える。その速度も急速。上層階への子どもたちの避難誘導等，早急な対応が求められる。
　また，土砂災害では，学校の建造物自体に問題が発生する場合があり，避難経路の確保が大切になる。
　地下室への避難は，一気に浸水し，漏電も含めて極めて危険。また，水圧でドアが開かなくなる。

⇩

3．通学路の安全確認や遠距離通学者への安全確保

　橋・塀・電柱の倒壊・交通機関の遮断等，豪雨が収まったあとの安全点検は，学校内だけでなく，地域・地区を含めて実施する必要がある。

⇩

4．登下校時の安全指導の徹底

　台風の場合は，あらかじめ登下校の対策が取りやすいが，急な豪雨等，下校時の子どもたちの引率体制を含めて安全指導の徹底を図っておきたい。

⇩

5．保護者・引き取り者への連絡体制の確認

　地震災害と同じように，予め作成されている方法によって連絡をとる。

⇩

6．子どもたちの家庭等の被害状況の確認

　浸水による被害や土砂災害等，学校が避難所となる場合もある。子ど

もたちの家庭の被害状況を確認して個々の対策を立てる。

> 7．校外学習で河川付近に出かける場合の安全確保

○河川付近は、ダムの放流域となっている場合がある。放流される時は、サイレン等で知らされる。
○指示板に注意事項が記載されている。また巡回車で注意が促される。
○これらによって、子どもたちを安全な場所に誘導する。
○また、山間部が集中豪雨であった場合、たとえ下流域が晴天であっても、水嵩が急激に増し、濁流となって河川敷を襲ってくる場合がある。
○巡回車で避難指示がある場合もあるが、水嵩の増加や濁流等の異変を見逃さないように、安全確保のできる場所に子どもたちを即避難させる。

② 救急措置

応急手当や救命救急法については、どの担任も身に付けておきたい避難行動の内容である。

ここでは、応急手当について取り上げておくことにした。救命救急法については、専門の指導者による演習を受け、できればその資格認定を受けることが望ましい。

応急手当については、次にあげる事例のいずれにおいても医療機関への対応が必要であり、受診までの手当の基本となる行動を示した。

さらに、応急手当の内容によっては、子どもたちの学習活動で取り上げ、養護教諭や学校医と相談し正しい方法を模擬体験的に指導しておきたい。

手足の切り傷やすりむいた時

1．血を止める。
2．止血方法
○「**直接圧迫止血法**」～出血を圧迫し包帯をする。

きれいなガーゼやハンカチ等を傷口に当て，手や体重を乗せ圧迫する。
○「**止血帯法**」～手足の太い血管破損や直接圧迫止血法では止血できない時に行う。腕や足では腕のつけねや太ももをしっかりしばり，30分ごとに緩め血液を通す。それを繰り返し続ける。
○感染防止のため，ビニール袋等を手袋代わりにして行う。

頭を強く打った時
1．安全な場所で安静にする。
2．冷やしながら，嘔吐等の変化がないか状態の経過を見守る。
3．救急車等による医療機関への搬送。

ガラスが刺さった時
1．止血法を活用する。
2．出血が多い場合は，抜けるガラスを抜き取る。
3．ハンカチ等でしっかりしばり，止血に努める。

やけどの時
1．早急に，きれいな冷水で15分以上冷やす。
2．痛みがなくなるまで冷やす。
3．重傷の時は即病院へ搬送する。
4．やけどの部位に着衣があれば，無理に脱衣しない。靴下等そのまま冷やす。
5．水疱は破らないで，そのまま病院に搬送する。
6．冷やした後は，きれいなガーゼを当て，三角布や包帯をす

骨折した時
1．骨折部位の確認をする。激しい痛みや腫れがある場合は骨折の疑いがある。この時，体を動かさない。
2．骨折部位の固定をする。協力者を求め，骨折部位を支える。添え木を当て，三角布等で固定する。添え木は足や腕の関節にあわせる。骨折部位の上下をまず固定し，その後，何カ所かを固定する。
3．骨折時に，頭部等の打撲が

人が倒れている時

1. 体や頭を揺すらないこと。安静を保つ。
2. 大きな声で呼びかけ，反応を確かめる。
3. 周辺の協力者を求め，救急医療機関へ連絡する。
4. 病院への搬送車は，救急車が望ましい。

（前略）る。薬品はぬらない。
7. やけどが広範囲な場合は，体が冷えすぎないように注意しながら冷やす。

（前略）ないか確認する。
4. 安静状態を保ち病院に搬送する。

負傷者を運ぶ時

1. 二人で運ぶ時
   一人は背中から抱きかかえ，もう一人は脚を交差させ持ち上げる。
2. 数人で運ぶ時
   頭・背・腰・脚の各部位の下に交互に手を差し入れ持ち上げ，仰向きに，水平移動をする。

3　災害から身を守る日常的な指導と準備

　地震災害やその他の自然災害から子どもたちが自ら身を守り，安全確保を図る指導は，日常生活と密着して行われる必要がある。

(1)　定例防災避難訓練

①　防災避難訓練の例と押さえどころ

ａ．計画のポイント

　定例防災避難訓練は，学校全体の指導計画に基づいて実施される。この基本的な防災対策から，さらに子どもたちの発達段階に即した災害に対する避難行動をとることができるように計画することが大切になる。

そのためには，学年・学級段階での体験的な防災訓練を計画していくことが望ましい。地域防災センターとの連携等で進めることも考えられる。

　また，災害の種類や災害発生の様々な時間帯を想定した避難訓練も，子どもたちの発達段階に即して行うことが大切になる。

b．実施上のポイント

　防災避難訓練は，避難行動の模擬体験が中心となる。この模擬体験は，安全指導や各教科・領域との関連から防災学習として応用的・発展的な実践場面に位置づけることができる。

　例えば，地震の起こるメカニズムを調べ，科学的な知識を基に，避難訓練における具体的な避難行動を求める。この内容を，避難訓練で実際に行い，その結果を検証すること等が考えられる。

防災学習のねらいとなる要点

◇子ども一人ひとりが災害から"いのちを守る"ことへの関心・態度を育むと同時に集団で活動する力を培う。

◇子ども一人ひとりが災害に対して正しい知識を持ち，判断し，必要な技能力を身に付けながら行動する力を培う。

◇子ども一人ひとりが災害に対して，適時に「生きる力」を発揮できるように，避難訓練で応用を図りながら，自らの生活へ適応する力を培う。

---

② 防災関係に必要な用具と保管
 a．防災ずきん

防災ずきんは，防炎素材となっていることや頭部保護を中心に耳・目や首の保護ができ，子どもたちのサイズに合うことが大切になる。また，児童用防災ヘルメットの開発が進んでいる。

その保管は，緊急時に即着用できることを前提に教室等の置き場所の工夫を図るようにしたい。また，特別教室にも，備品として防災ずきんまたは防災ヘルメットを整備しておくようにしたい。

 b．救急用品

保健室は，救急用具（酸素吸入器等）の他，応急手当用品の設置について緊急時の場合も見込んだ対応が必要である。

特別活動を含む，各教室には応急手当用品が入ったカバンを設置し，校外学習の時も携帯できるようにしておきたい。

 c．常備用品

緊急災害時用のカバンまたは袋を用意し，次のような品物が携帯できるように常設場所を決めておく。

―――――――― **担任の常備用品** ――――――――
① **緊急対応に使う用具**～個人緊急防災カード（家庭や保護者と連絡先等）・ペン付きライト・懐中電灯・ティッシュ・常備薬
② **避難誘導に使う用具**～笛・携帯メガホン
③ **緊急情報**～携帯ラジオ・携帯電話（使用できなくなる場合が多い）
④ **緊急脱出に使う用具**～背負い帯・軍手・大きめの釘抜きか棒やペンチ（出口倒壊等，誘導路の確保用具）
⑤ **その他，学校立地環境に対応した備品**

(2) 身を守る基礎的行動の日常的指導とそのコツ

　今まで，子どもたちの学校生活を中心に担任がとるべき防災指導についてふれてきた。

　災害から身を守ることを対象にした場合，学校生活だけではなく，子どもたちの生活圏も視野に入れていく必要があり，家庭や地域との連携を図りながら，安全確保の日常化を図っていくことが大切になる。例えば，保護者会等での議題に取り上げ具体化を図るようにしたい。ここでは，地震災害を対象にした留意点を例示しておくことにした。

―――― **家にいる時（落下物・ガラス飛散に注意）** ――――
- 揺れと同時に机やテーブルの下に潜り，身の安全を図る。
- 消火器・ガス栓の確認をする。
- 出口の確保を図る。

―――― **外出している時** ――――
- 街頭では，頭部を守り，素早く安全な場所に避難する。
- ブロック塀や門柱，自動販売機等に近寄らない。
- カバン等で頭部を守る時は隙間が空くように持ち上げる。
- 垂れ下がった電線は極めて危険。

―――― **地下街にいる時** ――――
- 地下街で最も恐ろしいのは煙とパニック。停電しても非常灯は消えないので冷静に行動する。
- 火災発生による煙の充満では，ハンカチ等で口・鼻を覆い，壁面にそって床を這うように避難する。
- 地下街は歩行距離30m以内に必ず出口がある。慌てず行動する。

Ⅱ—4 ◆災害から身を守る指導

高層建築物にいる時
- 上層部ほど大きく揺れる構造になっている。
- 窓際等から離れ身を守る。
- エレベーターは絶対使用禁止。避難する時は，階段を使い，指示に従い冷静に行動。

人が集まる所にいた時
- デパート等では商品陳列棚等から離れ，太い柱周辺に身を寄せる。
- 映画館等では椅子と椅子の間に身を隠し，落下物を避ける。
- 係員の指示に従って避難する。

交通機関で移動中の時
- 各交通機関の指示をよく聞き，それに従って避難する。
- 駅等では構内放送を聞き正しい情報を得る。

家族との連絡方法
- 家族との連絡方法を確立する。
- 家族が避難して集まる場所を確認する。
- 電話・携帯電話が使用できなくなる場合も想定。

⇩

日常生活を通して災害から身を守る基礎的行動10のまとめ
1．身の安全確保を図るために，どこが安全かの状況判断をする。
2．危険な場所から，すかさず離れる行動をとる。
3．地震の場合，頭部を中心に身を守る場所に避難する。
4．トイレ等に閉じ込められた場合，大声で助けを呼ぶ。
5．エレベーターに閉じ込められ，非常呼び出しも無理な場合，各階のボタンをすべて押し，止まった階で安全を確かめ降りる。

6．絶えず周辺の人と大きな声で声をかけ合い助け合う。
7．係員等の指示がある場合は，正しく指示を聞き，それに従って避難する。
8．火災発生の場合は，壁面にそって床を這うように避難する。煙を吸い込まない。
9．避難した場所の安全確認をする。
10．予め確認している方法で家族との連絡をとる。

家族で確認！　我が家の地震対策・子ども10の心得

① 防災用品を準備しているよ。
② 倒れる物や落下物から身を守る！　とっさの行動だ！
③ 家族との連絡方法など避難できる準備ができているよ。
④ 避難場所や避難道路，避難先を知っているよ。
⑤ 家の中の安全チェックだ！
⑥ 家の周りの安全チェックだ！
⑦ 避難道路は安全か，近所の人と確認だ。
⑧ 正しい情報を知る。ラジオが便利だ。
⑨ 相談しよう。地域の人といっしょだ！
⑩ 近所に声かけて！　弱い人を優先に！　みんなで助け合って！

5 犯罪から身を守るための指導

1　誘惑・連れ去られへの対応と指導

(1)　小学生をねらう魔の手口

　平成16年11月，奈良県で下校途中の低学年女子児童が車で連れ去られ，無残な姿で殺害された。犯人は被害者の持っていたGPS機能付きの携帯電話で被害者の姿を写して母親にメールで送るという極めて猟奇的な行動をとった。
　また，平成17年には，栃木県で同じような下校途中の女子児童が誘拐され，惨殺死体で発見されている。
　最近，低学年をねらう誘拐事件が多発している。小学生をターゲットにする誘拐事件を未然に防ぐには，一つは地域や保護者を中心とした，子どもの安全の環境整備，予防のためのネットワークの確立。一方は学校を中心に，子どもたち自身に，誘惑者から「どのように身を守るか」この徹底した指導が求められている。

(2)　子どもを守る基本的な態勢

①　通学路の点検
　学級を中心に全員の通学路の再点検を行い，危険マップを作る。これは学級PTAと一緒に作成する。
・民家の途切れる道。

- 公園，雑木林等，人影の途絶える場所。
- 交通頻繁な道路を避けた迂回の通学路。
- その他，不審者の出没しそうな場所。

以上の観点に沿って，一人ひとりの通学路の総点検を行い，学校全体の児童の通学危険場所のマッピングをする。

② 登下校時のパトロールの実施

通学危険場所を中心に，町内会，PTA等，地域の協力のもとに，登下校時にパトロールを実施する。

③ 「子ども110番の家」との連携

各地に置かれている「子ども110番の家」との連携，再点検を行い，児童に万が一の時には，どのように利用するか，徹底して指導。その他，子どもの緊急の避難場所としての「駆け込み」場所を作る。

(3) 誘拐予防のワークショップの実施

役割演技を導入して，先生や保護者が誘惑者になり，いくつかのケースに分けた場面を作って，児童に実演させ，状況の理解と予防について指導する。

◆道を尋ねる〜「お礼をするから，そこへ連れていって欲しい」

（対応）知っていたらその場所を口頭で教え，絶対車には近づかない。それ以上近づいてきたら逃げる。

◆名前を尋ねる〜「赤ちゃんの時，貴方の家に行った。名前なんて言ったっけかな？」

（対応）絶対に自分の名前や保護者の名前，場所を教えない。逃げる。

Ⅱ－5◆犯罪から身を守るための指導

◆褒めて誘惑～「私は芸能プロダクションの者，あんたは一目見て魅力
　　　　　　　がある。写真を撮らせてくれ，車で撮影場所へ」

《事例》
　T都市の繁華街に友人と一緒に遊びに行った小学生の女の子が，巧みなこの種の甘言に乗って男の後をついて行き，アパートの一室に何日間も監禁され，やっと救い出された事件があった。

（対応）こうした虚栄心に誘いをかける甘言には，絶対に乗らない。

◆親が交通事故にあった～「私は病院の者，すぐに車で連れて来てくれ
　　　　　　　　　　　　と頼まれた」

（対応）携帯電話で家に連絡，または「子ども110番の家」に駆け込む。
　　　　また，知り合いを通じて調べ，その人の車にはどんな時でも絶対に乗らないことを指導する。

◆金や物で誘惑～「かわいい。お菓子を買ってあげる」「ゲームソフト
　　　　　　　　をあげたい」「洋服欲しくない？」「子犬をあげたい」
　　　　　　　　等々，品物で釣ってくるケースが多い

（対応）事件にあった被害者の半数以上は，不審者の巧みな声かけに乗り，自分からついて行った。

- 無理やり連れ去られそうになったら大声をあげて助けを求め逃げる。
- 外出時は行き先と帰宅時間を，必ず親や保護者に教えておく。

《防犯ブザーの点検に注意する》

　いざ，危険が迫ったり，とっさの時に防犯ブザーを鳴らそうとしたら，電池切れ，または電池が放電していて弱く，警報が鳴らなかったケースがある。ぜひとも普段から防犯ブザーの点検は怠らないようにしたいものである。

（種類）ピンタイプ，ヒモタイプ，また高圧ガス使用タイプがある。

　このほかでは，ICカード付き，緊急ホイッスルのタイプ等がある。普段から自分にあったものを選び，できれば危機場面を想定して時々実際に使用して慣れておくと，いざと言う時にあわてずに対応することができる。

◆ブザーを過信しないために

　不審者に対峙した時，とっさにブザーを鳴らし，相手がひるんだ隙に次の行動をとるように指導する。

- すぐに距離を空けて逃げる。
- 「助けて」と大声をあげて，ホイッスルを吹いて逃げる。
- ブザーはすぐ手の届く所，例えばランドセルの側面につり下げておく等の準備が必要である。

2　急増する子どもをねらう性犯罪

　性情報の氾濫やインターネット，携帯電話の情報伝達手段の発達等から知らない者同士が容易に接し合う機会が増え，これに伴う性的被害が急増している。特に被害者が低年齢化していることに問題の深刻さがある。2004年の性犯罪被害者の中で18歳未満は全体の60％に及んでいる。
　被害の内容は強制わいせつ，誘拐，暴行，レイプなどで，最近は男の子が被害を受けるケースも出ている。
　被害で多いのが強制わいせつ行為で，届出のない件数を入れるとかなりの被害数になると思われる。

(1)　「小児性愛」の被害

　性嗜好の異常者の中に「13歳未満の子どもをねらい性的空想の対象にするなど，直接，性行為の対象とする異常な行為」を「小児性愛」と言う。インターネット等で「小児ポルノ」と称して，販売される商品もこの手のもので，異常な性行動の対象となり，被害に遭った子どもの受ける肉体的，精神的なダメージは深く，その時は被害の意味が理解できなくとも，成長段階で心の傷になり男性への恐怖，性への異常な嫌悪感，また，性的価値そのものを否定する人間になるおそれがある。

(2)　被害に遭わないための対策

① 　小学生の場合，特に登下校は複数の人数で通学するように指導する。また人通りの少ない道や公園では単独の行動はとらない。
② 　遊技場やゲームセンター等，人の出入りの激しい場所では保護者と常に行動する。
③ 　公衆トイレは一人では入らない。
④ 　プールでは一人で行動しない。

⑤　入浴施設では着替えに注意する。
⑥　繁華街で，見知らぬ人から声をかけられてもついていかない。
⑦　インターネットや携帯電話では見知らぬ人とアクセスしない。

(3) 年齢に応じた正しい性の指導をする

① 幼児から低学年

　性に対する知識も，その意味も理解できない。そこで普段から人に絶対性器を見せたり触れさせないことを教え，そこは大切な将来，赤ちゃんを産む体の部分で，常に清潔にしておくところとして性の指導をする。

　もし他人がそこに触れたり，嫌な行為をしたら，大きな声で「やめて」と大声で拒むこと。

　また，外に出る時は，できるだけ単独の行動を避ける習慣をつける。友達関係を作る努力をする。

② 中学年・高学年

　「生命誕生」のメカニズムを，自分の体に照らして学ばせる。スライド等視聴覚教材などを使い，生理の意味や対応なども学習する。また異性との対応，特に異性の身体についてもそのメカニズムのあらすじを伝える。ただし，個人差があることを念頭に指導する。

③ 中学生・高校生

　人間と性との関係，その意味を生殖，特に妊娠，出産について理解さ

せる。この中で生理に対する正しい認識と対応を熟知させることが求められる。

なお，性とモラルの問題を学習させ，性被害に遭わないためには，日常の生活でどのようにしたら良いのか，特に未知の人との接触を避けるため，携帯電話やインターネットの取り扱いの指導をきめ細かくする。

また性病についての知識を身に付ける。中でもエイズについて正しい認識を持たせる。

神奈川県教委教育局保健体育課作成の資料によると，平成17年末現在世界のHIV，AIDSの患者累積は4030万人に達した。わが国でもこれの累積感染者患者数は遂に1万人を突破。しかも，その感染者・患者数の32％が30歳までの若者で占められている。

---

(4) 性の被害に遭ったら

警察に届け犯人の逮捕を望む。しかし，同時に大事なことは被害に遭った子どもの心の癒しに十分留意すること。
- 専門の医師の医学的処置や対応を依頼。
- 子どもを無闇に追及しない。
「なぜそうなったの」「どんなことをされた」「どんな人だった」など，事件の背景を尋ねる場合，子どもの心の傷に直接触れる問題は，医師やスクールカウンセラーに相談するか，または対応を任せる。

特に最近は小さな子どもが被害に遭うことが増えているので，十分注意して対応する。

3　未成年におけるネット被害の増大

　最近，携帯電話などの出会い系サイトによる犯罪が目立ち，子どもを巻き込む危害が増えている。特にインターネットを使っての犯罪が目立っている。携帯電話の便利性から，これを使って親子で犯罪防止に役立たせようと考える家庭が増え，その利用の低学年化が進む中で，逆にネット犯罪に引き込まれるケースも出ている。

(1)　主な被害の内容

①　チャットや掲示板への書き込みのトラブル
　オンライン上でのチャットやウェブサイトの掲示板での中傷，誹謗とこれに伴うトラブルの発生，例えば，長崎県佐世保市での小6女子児童殺傷事件も耳新しい事件である。

②　出会い系サイトによる甘言，誘惑，誘拐の事件
　子どもたちが容易に出会い系サイトにアクセスして，それによって誘惑の被害に遭い，わいせつ行為を強要されたり，監禁されたケースも出ている。また，これに伴って児童を利用したポルノ映像や少女売春など悪質な犯罪も目立っている。

③　架空請求の被害
　サイトにアクセスしている中で，思わず他の回線，例えばダイヤルQ2や国際電話の回線につながり，そのため後日，驚くような高額の使用料の請求が届いて慌てる事件が起こっている。

④　成長期の心を侵蝕する有害サイト
　自由にしかも簡単に各種サイトやホームページにアクセスすることができる，そのことから，アダルトサイトや殺人暴行サイト等，心身に悪影響を及ぼす情報をたえず手軽に閲覧することが可能になる。このことは成長期の心にとって大きな影響を与えることが問題化している。最近

の少年犯罪と無関係ではないことが指摘されている。

(2) 被害に遭わないための方策

① 勝手に自分一人でインターネットを開かない。必ず保護者に話して開く。
② 保護者が認めたウェブサイトを見る。勝手に他のサイトにアクセスさせない。
③ 名前や住所等，個人情報は入力させない。
④ インターネットを通じて知り合った人がいても絶対に会わない。
⑤ 学習等でインターネットを利用する場合は，子ども用の検索エンジンか，保護者に相談して関係サイトを開かせる。
⑥ インターネットを使ってのショッピングは保護者と相談して，個人では絶対行わせない。
⑦ インターネットが終了したら保護者が必ず履歴を確認する。

(3) 被害に遭わないためのソフトや機能

〇フィルタリングソフトの使用

アクセスを自動的に遮断するソフト。有害な情報は自動的にフィルターにかけ取り除いて表示させない仕組みになっている。例えば,「i－フィルター4」(デジタルアーツ株式会社)

〇子ども用検索エンジンの利用

あるいは検索時から有害サイトへアクセスさせない「子ども用検索エンジン」,例えば「Yahoo! キッズ」「キッズgoo」等を利用する。

(4) 被害に遭ったら

① 例えば不審者とサイト上で子どもが接触している事実がわかったらすぐに中止させ,よく納得させてその危険性を理解させる。ただ無闇に叱って逆に反抗的な態度の中で,秘密の行動をとらせないことが大事である。

② 特に中学生などの場合,金品で性犯罪に巻き込まれる危険があるので,この点での保護者の責任ある対応の仕方を教師と話し合っておく。

③ 架空の請求や,いかがわしいメールや,詐欺まがいのメールにあったら,躊躇せずに保護者に話させる習慣を作っておき警察に相談する。

4　子ども虐待への対応と保護

(1)　児童虐待の現実

　2005年度に全国の児童相談所が，児童虐待の相談を受けた件数は34,451件で，前の年より3.1％増えたことが，厚生労働省のまとめで明らかになった。児童虐待防止法案ができても，依然としてこの児童虐待の増加に歯止めがかからない現実である。

　大阪府岸和田市で起こった中学生虐待事件では，近くの住民が虐待の実態を知りながらも通報せず，悲惨な結果になっている。この事件をきっかけに，2004年10月に改正児童虐待防止法が施行され，虐待の疑いがある場合，確かな証拠がなくても，発見者は児童相談所などへ通告することができるようになった。

　児童虐待は明らかに人権の侵害であり，犯罪行為でもある。特に子どもの成長にとって将来的にも深い心の傷をもたらすだけでなく，生命の危機にも通じる深刻な問題である。

　その事態の早期発見と保護は，学級担任にとって緊急な課題であると言えよう。

(2)　虐待の種別

①　暴行などによる身体的虐待
　これは体の皮膚に，殴打等によるさまざまの暴行の傷や跡がある。タバコの火による火傷もある。

②　保護の怠慢・ネグレクト
　長時間，子どもを放置し，食物も与えず養育放棄をする状態。

③　心理的虐待
　家庭内での差別的処遇や暴言，過度の叱責等により，心理的に常に恐

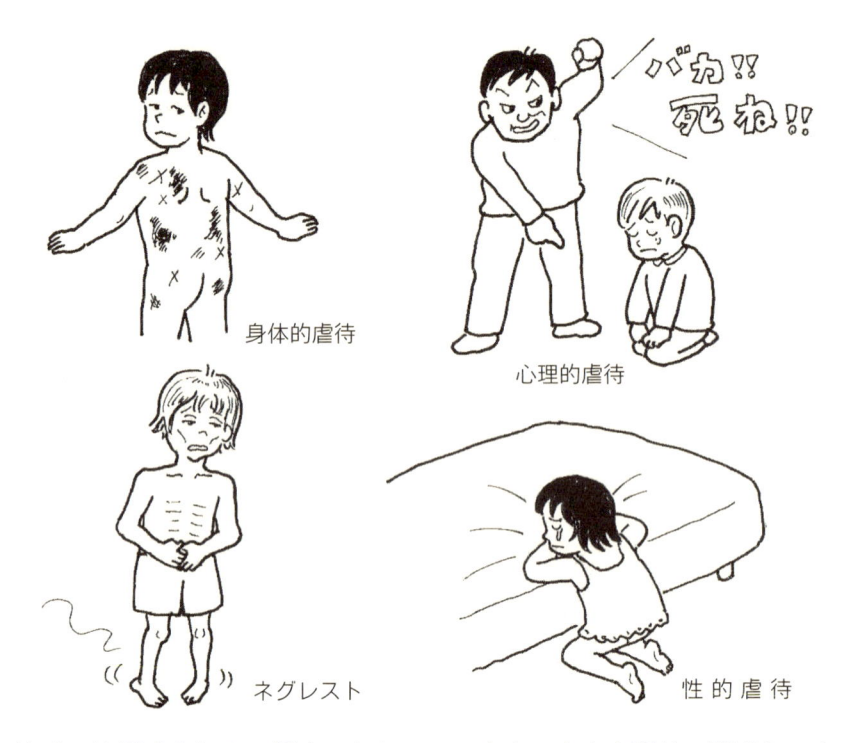

身体的虐待　心理的虐待　ネグレスト　性的虐待

怖感や絶望感を与え，将来にわたっての自立の力を心理的に閉ざしてしまう。

④　性的虐待

わいせつ行為や，直接性暴行を受けたり，また受けさせたりする。中・高校生で売春を強要されたケースもある。

(3) 虐待の加害者

平成13年の厚生労働省の調査によると，実母が最も多く，全体の33.3％を占め，次いで養父（30.1％），次が実父（24.7％）となっている。

虐待する親は，自分が成長する段階で，親，または保護者から虐待を受けた経験を持っている者が多く，このことからも虐待の被害者は将来は自分が虐待の加害者になる可能性を含んでいることがわかる。

◆現在，非行を起こした子どもの3割が虐待された経験を持っている

厚生労働省の調査（2004年）によると，全国の児童相談所で非行の相談を受けた子どもの3割が親からの虐待の経験を持っているという。

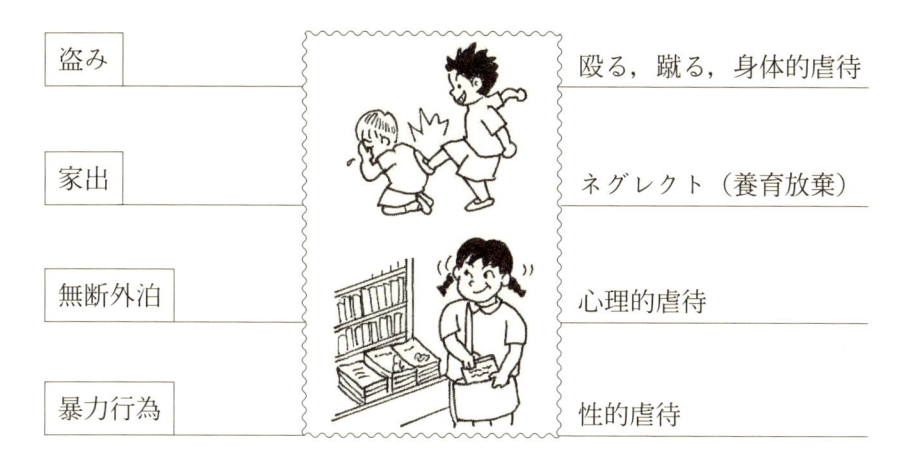

盗み		殴る，蹴る，身体的虐待
家出		ネグレクト（養育放棄）
無断外泊		心理的虐待
暴力行為		性的虐待

半数は育つ過程で養育者が変わっている

(4) 児童・生徒虐待の早期発見と，その対応

児童虐待を発見しやすい立場にある学校の教職員や医師，弁護士らは早期発見に努めなければならない。　　（児童虐待防止法の一部内容）

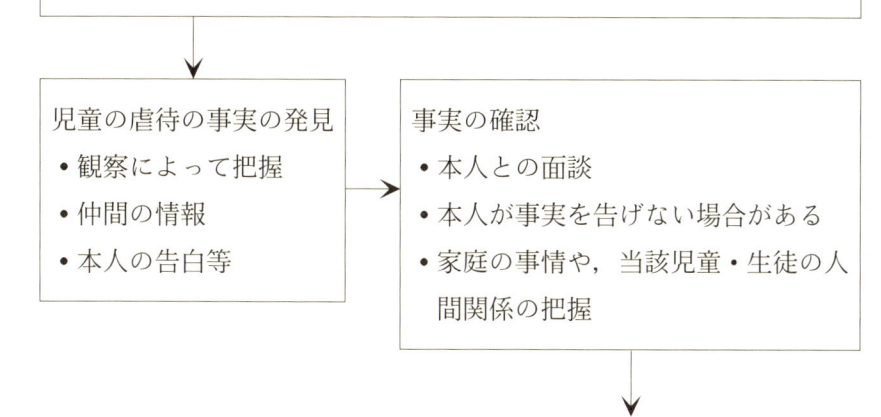

↓

児童の虐待の事実の発見
- 観察によって把握
- 仲間の情報
- 本人の告白等

→

事実の確認
- 本人との面談
- 本人が事実を告げない場合がある
- 家庭の事情や，当該児童・生徒の人間関係の把握

↓

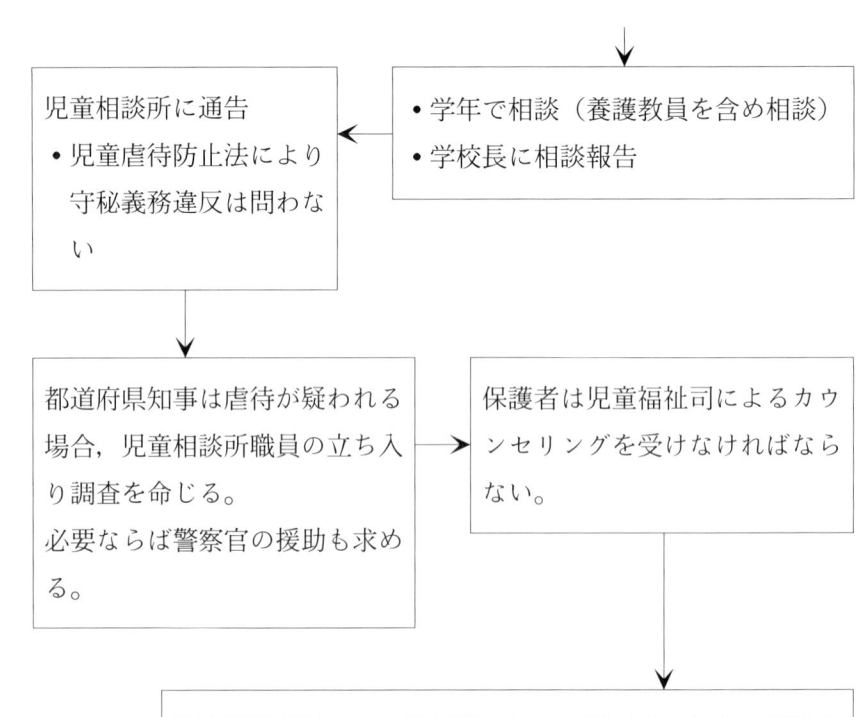

```
┌─────────────────────────┐         ┌─────────────────────────┐
│ 児童相談所に通告        │ ←────── │ ・学年で相談（養護教員を含め相談）│
│ ・児童虐待防止法により  │         │ ・学校長に相談報告      │
│   守秘義務違反は問わな  │         └─────────────────────────┘
│   い                    │
└─────────────────────────┘
            │
            ▼
┌─────────────────────────┐         ┌─────────────────────────┐
│ 都道府県知事は虐待が疑われる│ ──→  │ 保護者は児童福祉司によるカウ│
│ 場合，児童相談所職員の立ち入│      │ ンセリングを受けなければなら│
│ り調査を命じる。        │        │ ない。                  │
│ 必要ならば警察官の援助も求め│      └─────────────────────────┘
│ る。                    │                    │
└─────────────────────────┘                    │
                                               ▼
              ┌─────────────────────────────────────────────┐
              │ 児童相談所長は，一時保護をして，子どもに対する保護者│
              │ の面談や，電話を一時，制限できる。          │
              │ 関係機関と学校は，児童・生徒の将来にわたっての自立保│
              │ 護に対して，保護者に深い理解と養育義務を求めていく。│
              └─────────────────────────────────────────────┘
```

6　学級での心のケア

1　事件・事故，災害時の心のケア

(1) 事件・事故に遭った場合

誘拐，性被害，暴行，交通事故等，突然，不測の事件にあった子どもの心を守ってあげるためには，まず担任は次の立場を重視する。

> (1) 子どもの受けた心のショック，その心傷を最小限に止める。
> (2) 子どもの心に寄り添い，その子の心の窓からすべてを見る態度。

特に注意することは，事件が発生すると犯人逮捕に重点が移り，詳細な聞き取り等によって，子どもの心に恐怖の再現を呼び起こす，いわゆる第二次被害を経験させる結果になる場合があるという点である。

(2) 具体的な対応

①　すべて受け止めてやるという受容的態度に徹する

子どもは恐怖のあまり，しばしば心理的に退行現象を起こし，幼児期の甘えに逆戻りする場合がある。いずれにしても甘えを受け止める周囲の大人の態度が，まず癒しの第一歩である。

②　子どもの責任を追及しない

「あれほど注意しといたのに」「なぜそんなとこに行ったの」等々，時として事件に遭ったのは，あなたにも責任があるというような態度は絶対に大人は持たないこと。

個人の過失的な責め方は,当人に自分の行為への罪悪感等を募らせ,将来的にも自分を否定的に捉える態度を醸成させる危険がある。

③ 周囲の好奇心,特に報道から子どもを守る

このためその後,不登校や引きこもりになったケースもある。周りの好奇の目から,どう守ってやるか,保護者とも十分話し合っておく。特にクラスではみんなでこの子を守るという愛情のある指導が大切である。

《マスコミへの対応》

☆被害者をはじめ,一般児童生徒への取材は遠慮してもらう。
- このため,報道関係者への窓口は一本化する。
- 公表する資料は,校長や関係者と十分吟味して資料を作成。その都度,発表する。
- 発表する内容は教育委員会,関係機関と連絡をとっておく。一度誤報等が出ると,その混乱は大きい。
- 本人や家族等のプライバシー保護には十分配慮する。
- 心理的ケアとしては,専門的な学校カウンセラーや医師と相談しながら行い,学級及び学校全員の子どもへの心理的対応も考慮する。

　平成17年12月,栃木県で小学校1年生の女子が殺害された事件では,その直後,当該校のスクールカウンセラーが実施した全校児童対象の調査で,約2割の子が「事件が気になる」「いつも頭から離れない」「よく眠れない」「いらいらする」等の回答をしている。いかに事件の影響が一般の子どもにも波及しているかを物

> 語っている。

(3) 災害等に遭遇した子どもの心のケア

① 発災後の時間的経過による心理的変調

a．急性反応期──発災直後から1週間程度──

　この時期は常に不安や恐怖心が残り，震災などの場合，余震等による不安が増幅され，気持ちの高ぶり，そのためのイライラによる過敏な反応，また寝つきが悪いなどの兆候が出やすい。

b．身体症状期──発災後，1週間から1カ月程度──

　身体的な面で個人差はあるが様々な症状が出やすい。主な症状として頭痛，腹痛，吐き気，肌荒れなど。このような症状は子どもに限らず大人にも見られ，人によっては1週間程度でストレス性の胃潰瘍になり吐血などの症状を呈する人もいる。

　神戸や新潟県中越地震等で多く見られた例である。

c．精神症状期──発災後，約1カ月後から──

　この時期になると，主な症状が身体的なものから精神的なものへと移行してくるケースが見られるようになる。もちろん個人差があり一概には決められないが，一般的には災害後1カ月程度経つと，救援等の支援

なども効果が出始めた頃になるが，逆にこの時期あたりから精神的な変調が災害者の中に顕著に現れることがある。

多動になり落ち着かない

夢を見ておびえる

怒りっぽくなる

うつ状態

☆早急に専門医に相談し治療体制に入ることが求められる。

② 子どもの発達段階による，災害事後の変調
a．小学校低学年から中学年
この時期は学校生活よりむしろ，家庭での生活に変化が出る。そのための的確な実態の把握に努め家庭との連携を密にする。

- 親にべったり寄り添って離れない。「赤ちゃんかえり」とも言われる退行現象の一つが現れる。
- 少しのことで泣く，怒る。安定した集団行動がとれなくなる。
- 明かりをつけたままでないと眠れない。
- トイレや風呂も常に戸を開けておかないと不安定になる。

b．小学校高学年から中学生
家庭生活はもとより，学校生活でも特異な行動や振る舞いが出る。

- リーダー的存在だった子が，急にその役割を放棄してしまう。

- 友人間の付き合いを敬遠して、孤独的な行動をとるようになる。
- 常にイライラしていて、衝動的な行動に出る。そのため友達とのトラブルが目立ち始める。
- 平然とウソを言ったり、万引き等の反社会的行動が見られる。

(4) 保護者や専門機関との連携をどうするか

学校が子どもの心のケアを適切に進めるためには、保護者や専門機関との連携が重要である。特に災害時は子どもが自宅に帰れず避難生活を余儀なくされるため、その心のケアには学校が積極的に各関係機関との連携を図っていく必要がある。

連携を効果的に進めるための教職員体制

子どもの心のケアは学級担任だけの取り組みでは限界がある。大切なことは、学校全体の組織的な対応である。そのためには次のような役割分担を決め、的確に子どもの心の健康への目配りをする。

① 管理職（校長・教頭）の取り組み
- 全校の相談体制を学校カウンセラーや校医等専門職を交え構築する。問題発生の場合の教育委員会との連絡システムも作る。
- 教育をはじめ各種相談機関との連絡と協力体制を作り、問題によっては警察との連絡協力のパイプ作りにも努める。
- 保護者や地域関係機関との連絡協力、そのための連絡方法。（メール、携帯電話、ＦＡＸ、その他の伝達方法の吟味など）
- 管理下にある教職員の心身の健康状態の把握のためのシステム。（健康記録表の作成や養護教員との連携など）
- 連携にかかわる短期的、長期的計画を作成して全職員に配布。

② 学級担任の取り組み
- 日常生活の上での、子どもの健康状態の把握。（観察、相談、健康診断チェック表、養護教員との連携等）
- 保護者との連絡と家庭、地域での生活上の健康状態の情報収集。（家

庭訪問や地域，また収容施設等の巡回等による実態把握）
- 直接の子どもとの関係では，聴く力，観察の力等，受容的態度，いわゆるカウンセリングマインドを生かした対応に徹する。
- 校長を頂点とした学校管理態勢を整え，適切な報告，連絡，相談のシステムを生かした学級経営に努める。

③ 生徒指導主任（生活指導主幹等）の取り組み
- 子どもの変調に関する情報収集と対応策を図る。このための校内生徒指導体制を整え，そのチェック機能をどう生かすか，学年主任との連携を図る。
- スクールカウンセラーとの連携，特に情報提供や，面談，相談等の日程調整等に努める。
- 周辺校との情報交換と対応策の検討。また警察，児童相談所，心障センター，保健所等，関係機関との連絡，対応策の検討。
- 管理職への報告，連絡，相談，対応策に関して常に調整を図る。

④ 養護教諭の取り組み
- 子どもの心身の健康状態について，全校的立場からの把握，このための健康管理システムの構築。（ソフト入力）
- 保健室への来室児童・生徒の教育相談。
- 個々の子どもについて知り得た情報の開示。（校長，学年主任，学級担任，生徒指導主任等）
- 保健室だより等を通じて，保護者への連絡。
- スクールカウンセラーや学校医との協力，対応実践化を図る。

(5) スクールカウンセラーの役割と生かし方

① スクールカウンセラーの生かし方
　カウンセリングを実施する際に，すべてを任せてしまうようなことは避けたい。相談体制を有効に機能させていくためには，あくまで担任が主体となって子どもの変調等の情報を的確に伝え，その上にたって学校

カウンセラーに委ねるようにする。事後においても綿密な連絡，提携を軸として問題解決にあたる。ただ知り得た情報をむやみに外部に漏らすことは，厳に注意する。

② カウンセリングがフラッシュバック現象に侵される場合

長期的にカウンセリング体制を作り，効果を上げてきたにもかかわらず，元の木阿弥に陥る場合がある。例えば大規模災害の1年後，マスコミ取材で，再び子どもの胸に過去の悪夢がよみがえる場合である。これを「フラッシュバック現象」と言う。

このような体制を十分考慮して，学校カウンセラーと連携を図る。

③ 学校・学年だよりの生かし方

カウンセリングは個人に限定して対応するケースが多く，その点，個人のプライバシーを尊重し，みだりに情報は外に出さないのが原則である。しかし，一般的に知ってもらいたい心のケアの要点など，カウンセラーと協議して，保護者や地域住民に知らせるために，学校や学年のたよりを利用して積極的な広報に努めることも求められている。この場合は子どもに限らず，保護者や地域住民にかかわる心のケアの問題も併せて取り上げる。

2　いじめによる心のケアと対策

(1) いじめが発生した時の対応

どのような状態でいじめが発生し，どのような構図（人間関係を含め）進行したのか，いじめられた子どもを中心にまずその状況を正確に把握

する努力をする。次には当然，加害者やその集団に対する早期解決への指導が速やかに求められる。

いじめに対する緊急対応の仕方は，すでに多くの学校でそのシステム化等が，組織的に学年，または学級に対して作られていると考えられるので，ここでは，その被害者の心のケアを考えていきたい。

① いじめられた子どもの立場で

いじめられた子どもの心の問題を，単に見かけなどの表面的，形式的な立場で判断することは厳に避ける。

「どんな言動や行為がその子どもの心の苦痛になっているのか」そこを判断のポイントとして対応していく。

a．無理に問い詰めない

心理的にパニックになっている場合，事実を聞き出そうとして教師が問い詰め，ますます心の扉を閉ざしてしまった例が多くある。

悲しみや，痛みに添って共感的な対応が求められる。その子の立場で見えることの事実を語らせていく。まずその心を受容する態度が教師に欲しい。

b．被害を受けている子の心の支援

いじめに遭い，心理的にダメージを受けている子に「あなたにも原因がある」という立場はとらない。もし，何らかの原因が被害者にもあると考えられる場合でも，まず問題解決まで，教師や保護者が守り抜く姿勢を示してやる。その子の学校生活を支援する明確なメッセージを，被害者の心に伝えてやる。

まず心の安定が保たれてから，「どうしてこの事件が起こったか」を加害の子や集団にも聞き取り調査を行って，冷静に判断し，指導の糸口をつかんでいく。

いずれにしても，いじめは絶対に許されない人権の侵害である立場を明確にクラスの子どもに伝える。その立場にそって事実の究明とその指導に徹する。

(2) 保護者への対応と連携

① 保護者の混乱した心にどう対応するか

わが子がいじめられていると知ると、極度に興奮する保護者が多い。一つはわが子を「しっかりしなさい」と責めたり、また「かわいそう」と、子どもと一緒に沈んでしまう保護者のタイプ。もう一方は、興奮し相手の保護者や、学校を攻撃的に責め、時には教育委員会やマスコミ等に問題を持ち込んで、問題解決を逆に混乱させてしまう、感情的な行動に出る保護者である。

しかし、大切なことは、被害者はもちろん、加害の子どもたちにとっても、その心の指導が大切である。

この心のケアは将来の人間形成にとって明るく生き抜くための大切な場面であるという認識で臨みたい。保護者の感情によって、そうした指導のチャンスが失われないためにも、保護者との初期の話し合いが重要で、学校の誠意を十分に伝える努力が求められる。

② 家庭の中に潜むいじめの要因

一般的にいじめっ子の心の不安定さの原因として、家庭における親子関係の不安定さを指摘する声もある。子どもが「自分は大事にされていない」「不公平だ」という、感情のフラストレーションのはけ口がいじめとして表出するという場合もある。抑圧からの解放である。

一方、いじめられっ子の場合も、極めて温暖化家庭に育ち、小さな時から挫折感やフラストレーションの経験もなく育つ子、特にきつい言葉に慣れない、繊細な感情の持ち主で、他人の言葉に必要以上に傷つきやすいタイプの子が被害者に陥る場合もある。

逆に他人には平気できつい言葉が出るが，自分が受けると強く傷つく子もいる。

また自尊心が強く，教師や仲間から注意を受けるとすぐに被害者意識にさいなまれる子。

もちろん，すべてがこうした要因を背負っているとは考えられない。学級集団の歪み，その状況が引き金で起こる問題も多い。

いずれにしても，日頃から保護者との情報の交換や連携が大切で，問題が起こったら，早期に子ども自身の立場で，心のケアを最優先に考え合える関係を作っておきたいものである。

3　暴力事件と心のケア

(1)　暴力をふるう子どもの心理

①　暴力行為はストレスと密接な関係

クラスの中や校外で児童・生徒間からの暴力行為を受けた時の被害者の心の傷は，傷害の痛み以上にトラウマとなって将来的にも大きな歪みをからだに刻む場合が多い。まず，加害者としての暴力行為に出る子は，小・中学校とも，圧倒的に男子が多い。しかし，最近では女子の間にも暴力に訴える子もかなり出ている。

マンガやアニメでの暴力行為に触発されるケースが多いと言われているが，人間関係の希薄さ，耐性の欠如なども要因にあげられ，複合的な要素としてストレスに対する対処方法の未熟さがある。暴力行為はストレスにさらされた子どもの不安と不満の爆発と考えられる。

② 教師が暴力の引き金をひいてはいけない

暴力行為を静めようとして，教師が逆に挑発してしまう場面がある。特に言葉に注意したい。売り言葉に買い言葉，この言葉の行き違いでさらに暴力の矛先が教師や子ども仲間に向くケースもある。まず高まった怒りの感情を，早期にクールダウンさせるように努める。

- 周囲の児童・生徒を別の場所に移動させる。
- 状況に応じては，器物破壊や暴力をふるう子を別の場所に移す。
- 教師は決して一人では対応しない。チームであたる。
- まず冷静に被害者，加害者の言い分を十分聞く。

(2) 関係する子どもへの対応

① 被害を受けた子への対応

医療的治療の必要性があるか，否かの確認は正確にする。

特に，頭や目に暴力行為を受けた場合については，慎重に対応する。外傷はなくとも，頭部を殴打，または打撲の有無は後に脳内出血の大事になる場合がある。必ず医師の診断を受ける。

② 被害を受けた子の心の傷の可能性を十分に考慮する

- 心のショックを素直に教師に語ってもらう，カウンセリングの場を作る。この場合，あくまでも聴く態度で時間をかけて話を聴く。泣き出す場合は十分泣かせるくらいの余裕が欲しい。
- 原因が学級経営上にかかわる問題ならば，早期にその改善に努めるために，学習集団に問題を投げかける指導を考える。

③ 加害児童・生徒への対応

- 感情がクールダウンしたことを確認してから，問題の原因，事実関係を聴く。証人の子どもがいれば同時に話を聞いていく。
- 担任を中心に生徒指導担当，スクールカウンセラー，時には部活顧問などの立ち会いであたる。
- 加害者に多少でも非がある場合，暴力行為に対する謝罪の意味を納

得させ，そのことへの責任を自覚させる。
- 問題解決に対しての怒りの表現としての方法を考えさせ，暴力への転化は許されないことを十分納得させる。

④　保護者への連絡

- 被害児童・生徒の保護者には，家庭訪問を通じて直ちに事実の報告をして，子どもの体と心のケアについて，学校のとった処置と，今後の指導の具体的なありようを伝える。
- 加害児童・生徒の保護者に対しても，同様に家庭訪問を速やかに行い，事実の報告と学校のとった処置を伝え，被害者への謝罪等に対する方法を検討する。
この謝罪方法がこじれ，後まで問題解決に時間を要する場合があるので，この初期の対応が大切である。

あくまでも加害者に多少なりとも責任がある場合は，誠意をもって被害児及び保護者にあたるよう，加害児の保護者と学校の連携が求められる。

⑤　事故報告書の作成は正確に

事件や事故が起こった場合，目撃者や関係児童・生徒の証言は正確に記録，これは必ず記載後読み聞かせて，当事者の確認をとっておく。場合によっては，将来，訴訟問題にまで発展するケースもあるので，この記録は正確に客観性が要求される。

⑥　教育委員会や関係機関との連携

校長により教育委員会に報告するか，否かの判断が求められる。暴力事件，特に他傷事件，器物破壊，または集団事件等の場合，事件の大小にかかわらず必ず報告する。

特に傷害が伴った場合，警察機関への報告と協力を求める。

(3) 感情の興奮を抑えるコントロール（ワークショップ）

①　気持ちを静める自己暗示法の訓練

- 真面目に掃除をしているのに「ちゃんとやれ！」と注意をされ，両者が対立した場面の設定。

※怒りの感情を静めていくポイントを実際に演じ合う。

　ⅰ．深呼吸をする。

　ⅱ．自己暗示「大丈夫，大丈夫」と自分に言い聞かせる。

　ⅲ．カウントダウン（5，4，3，2，1）と心で数えていく。

　ⅳ．楽しいゆったりとした場面をイメージしていく。例えば，家族でレストランへ行って食事をしたことなど。

②　さまざまなけんかの場面を設定してロールプレーを実演

例えば，掃除の時間の争い，また遊びの中からのけんかなど。

- 即興的に実施。この場合，加害者，被害者の役割を決めておく。（見学の立場の子どももいる。）
- 場面を設定し，演じたあとの話し合い。

※自分が「怒った」場面と，心のありようを整理して話し合う。
　　i．どんな状況から事件が起こったのか。引き金は。
　　ii．どんな気持ちで，行動をとったのか。
　　iii．その結果，どんなことになったのか。
※責められた方の子どもの心のありようを考える。
　　i．どんな気持ちだったか。
　　ii．どのようにしたらよかったか。
- 「怒り」のパターンの修正。（目標の設定）興奮を静めるリラックスできる言葉を決める。
  ※例えば「大丈夫」「OK」「青い海」「カモメのカモメのジョナサン，ジョナサン」

(4) ソーシャルスキルの練習

a．コミュニケーションのスキル
- あいさつの仕方
- 話の聞き方，話し方
- 自己紹介の仕方

b．集団参加のスキル
- みんなで過ごす楽しみ方
  失敗を許す，途中で逃げ出さない，約束は守る
- やさしい言葉のかけ方

c．人と付き合う上手なスキル
- 秘密を守る，悪口はいわない
- 気持ちの上手な伝え方，表情を豊かにする
- トラブルの解決の仕方（相手との違いを認め合う）
- 相手を思いやる言葉をかける仕方

d．自分を表現するスキル
- 自分の非を認める，その認め方
- 自分の気持ちの上手な伝え方
- 困った時のものの頼み方
- 友達の誘い方
- 上手な断り方

◆練習の仕方
ⅰ．全員の前で自分が役割をもって演じることに抵抗を持つ子もいるので，できれば5～6人をグループにして演じ合う方法をとる。
ⅱ．どうしても参加しない子には無理強いしない。見学させる。
ⅲ．演じたあとは必ず話し合いをもって，その時の気持ちなど語らせる「振り返り」が必要である。
ⅳ．基本的にはこの「振り返り」の中での話し合いが大事である。「こうすればもっといい」「あの時，こうすべきだった」体験を通じて，他人の行為と

自分の行為を重ね，よりその場に望ましい行為を選択する力をつけさせるねらいがある。
ⅴ．教師は子どもの話し合いの中から，より望ましい人間関係のあり方を整理して，考えさせ，時には率先して演じながら，子どもにも客観的に理解させ体験化を図る。

あとがき

　本書の編集に携わっている間にも，幼児をはじめ小学生，中学生，そして高校生を巡る生命に危害が及ぶような事件が報じられています。それも，ときには被害者の子どもが加害者になるという複雑な，何ともやりきれない事件が多発しています。こうした社会環境の中で子どもをいかに安全に保護し，学習に専念させ，あわせて楽しい日常の生活を保障するか，教師をはじめ保護者，地域住民，関係者に求められる緊急の課題です。中でもとりわけ担任教師に課せられた安全管理とその指導の義務と責任はきわめて重いものがあります。

　本書は，こうした緊急の社会的課題に沿って，いままでの学校における安全管理と指導の細部にわたり検証を試みました。そのことを基に日常の学級経営では具体的にはどのようにしたら子どもの安全を保証できるのか，またそのための子ども自身の安全への取り組みをどのように日常的に指導したらよいのか，学級担任の指導に中心をおいてまとめたものが本書です。

　その基本としての観点は，児童・生徒自身にとっては，外部からの自然と人的な災難に対しての保全の認識と技能を身に付けさせること，また人間にとっての生命の尊厳と価値について十分理解させること，この二つの側面から目的に応じて内容全体を構成しました。

　本書を作るにあたり，多くの教育現場の先生方から実践の資料，及び貴重な助言をいただいたことを感謝いたします。また，この企画段階から編集まで，黎明書房の武馬久仁裕社長，及び都築康予さんには大変お世話になりました。

　紙面をかりて厚く御礼申し上げます。

小川信夫

●執筆者（所属は2007年4月現在のものです）　　　〈主な執筆分担〉

小川　信夫	元玉川大学学術研究所客員教授 現代教育文化研究所・代表	前文，Ⅱ—5， あとがき
岩崎　　明	元川崎市立小学校・校長 現代教育文化研究所専任理事	Ⅰ—2，Ⅰ—3
高橋　洋児	元川崎市総合教育センター所長 現代教育文化研究所専任理事	Ⅰ—4
小林福太郎	元東京都中野区教育委員会指導室長 東京都品川区立小中一貫校伊藤学園校長	Ⅱ—6
寺尾　　央	元川崎市立小学校校長会長 玉川大学・講師	Ⅰ—1，Ⅱ—4
森田　勝也	元東京都稲城市立中学校校長会長 東京都稲城市教育研究所相談員	Ⅱ—2
安達　禎崇	元神奈川県立教育センター指導主事 神奈川県三浦郡葉山町立一色小学校教諭	Ⅰ—3
平井　育子	元横浜国立大学長期研修員 川崎市立平小学校教諭	Ⅱ—6
小川　俊哉	元横浜国立大学付属横浜小学校教諭 川崎市立末長小学校教諭	Ⅱ—1

●編纂
現代教育文化研究所
「編集委員」　小川信夫　　岩崎明　　高橋洋児

◆現代教育文化研究所
　現代の教育課題を特に全人教育の視点から捉えようと，1997年に開設。当初は「子どもの読み物」の研究，及び普及に主眼をおき研究機関誌の発行などを行う。
　現在は新教育課程の研究とともに，特に文学，演劇等の芸術教育の開発，また表現に関する研究プロジェクトをつくり，ドラマ表現の実践活動等にも関わっている。

◎この本に関する問い合わせ等は，黎明書房に直接お願いします。

編著者紹介

小川信夫（おがわ　のぶお）

　川崎市総合教育センター所長，玉川大学学術研究所客員教授等を経て，現在，現代教育文化研究所代表。演劇教育の分野でも劇作品が多く，日本芸術振興財団演劇専門委員，文化庁文化政策推進会議演劇専門委員，東京都優秀児童演劇審査委員などを歴任，現在，日本児童演劇協会常任理事。平成2年度，川崎市文化賞受賞。平成18年度斎田喬戯曲賞受賞。

　最近の主な著書に『親に言えない子どもの世界』『情報社会の子どもたち』『少子家族・子どもたちは今』『溶ける家族と子どもたち』（いずれも玉川大学出版部），『子どもの心をひらく学級教育相談』『学級づくりハンドブック』（黎明書房），『SOSママのひとこと』（ルック社）他。

　日本人間関係学会，日本国語教育学会，日本児童劇作の会顧問。

岩崎　明（いわさき　あきら）

　1975年「演劇教育指導の研究」で川崎市第一回教育奨励賞受賞。同市小学校劇研究会長，小学校校長を経て，現在日本児童演劇協会，日本児童劇作の会会員，現代教育文化研究所専任理事。

　著書は『演劇は学校で何ができるか』（日本児童演劇協会叢書），『音読・朗読を生かした指導の方法』（光村図書出版），『学級づくりアイデア事典・中学年』（黎明書房），『新・おはなし社会科』（ポプラ社）編著等。劇団用脚本「きつねの悪太郎」（劇団東少），『みんなの学校劇』（ポプラ社）他，各種児童劇集に演劇作品を多数発表。

＊イラスト・岡崎園子

いますぐ取り組む学級の安全管理・危機管理

2007年6月15日　初版発行

編著者	小川信夫・岩崎　明
発行者	武　馬　久仁裕
印　刷	舟橋印刷株式会社
製　本	協栄製本工業株式会社

発　行　所　　株式会社　黎明書房

460-0002　名古屋市中区丸の内3-6-27 EBSビル　☎052-962-3045
　　　　　　FAX052-951-9065　振替　00880-1-59001
101-0051　東京連絡所・千代田区神田神保町1-32-2
　　　　　　南部ビル302号　　☎03-3268-3470

落丁本・乱丁本はお取替えします。　　ISBN978-4-654-01782-9
©N. Ogawa, A. Iwasaki 2007, Printed in Japan

現代教育文化研究所編著
学級づくりハンドブック
Ａ５・200頁　1800円

班・学級会の作り方から，全員が参加する授業や学級の安全管理，人権教育まで，子どもたち一人ひとりの個性を生かした開かれた学級づくりの方法を詳述。

小川信夫編著
子どもの遊び空間を広げる
わくわく遊び＆わくわくゲームＢＥＳＴ42
Ａ５・94頁　1600円

指導者ハンドブック④　遊びの指導と支援の仕方　小学校，児童館，学童保育などで幅広く活用できる遊び＆ゲーム42種を6つのグループに分け紹介。

小川信夫・武田晋一編著
小学校・
学級ゲーム＆レクリエーション 年間カリキュラム
Ｂ５・134頁　2200円

学級活動や学習の活性化を促す，月ごとのゲームとレクリエーションを満載。ねらいが一目でわかる「ゲーム＆レクリエーション年間計画活動表」付き。

小川信夫・滝井純監修
小学校・全員参加の楽しい
学級劇・学年劇脚本集（全3巻）
Ｂ５・224～230頁　各2900円

低学年・中学年・高学年　劇遊び，歴史劇，表現遊び，ミュージカル，人形劇，英語劇など，多様な表現形式を駆使した学級・学年全員が出演できる脚本を収録。

小川信夫他編著
表現力・創造力を高める
学級活動12ヵ月（全3巻）
Ｂ５・129頁　各2200円

低学年・中学年・高学年　学習の年間計画と連動した学級表現活動の実際を，イラストを交えて月ごとに展開する。学級表現活動にすぐに役立つアイデアも月ごとに紹介。

寺本　潔著
犯罪・事故から子どもを守る
学区と学校の防犯アクション41
Ａ５・100頁　1700円

「学区」を核として，犯罪・事故から子どもたちの身を守る，「学校」「家庭」「住民」「子ども」のそれぞれが取り組む41の具体的な手立てを紹介。

田中和代著
ゲーム感覚で学ぼうコミュニケーションスキル
Ａ５・97頁　1600円

指導者ハンドブック①　小学生から初対面同士が親しくなれるゲームや，爽やかに自己主張することを学ぶアサーショントレーニングなど，簡単で効果のあるもの31を紹介。

表示価格は本体価格です。別途消費税がかかります。